Stefanie Menzel

Sinnanalytische
Aufstellungen

Der heilenergetische Weg
zur Problemlösung

© tao.de in Kamphausen Media GmbH, Bielefeld

1. Auflage 2018

Autorin: Stefanie Menzel
Umschlaggestaltung, Satz: Christiane Kurschildgen
Lektorat: Ina Kleinod
Grafiken: Annette Schnellhammer/VISUALIGN
Herstellung: tredition GmbH, Halenreie 40-44, 22359 Hamburg

Verlag: tao.de in Kamphausen Media GmbH, Bielefeld,
www.tao.de, eMail: info@tao.de

Bibliografische Information der Deutschen Nationalbibliothek:
Die Deutsche Nationalbibliothek verzeichnet diese Publikation
in der Deutschen Nationalbibliografie; detaillierte bibliografische
Daten sind im Internet über http://dnb.de abrufbar.

ISBN Paperback: 978-3-96240-028-6
ISBN e-Book: 978-3-96240-030-9

Das Werk, einschließlich seiner Teile, ist urheberrechtlich geschützt.
Jede Verwertung ist ohne Zustimmung des Verlages unzulässig.
Dies gilt insbesondere für die elektronische oder sonstige
Vervielfältigung, Übersetzung, Verbreitung und sonstige Veröffentlichungen.

INHALT

VORWORT	8
I – GESCHICHTE DER AUFSTELLUNGSARBEIT ALLGEMEIN	10
„Psychodrama" nach Jacob Levy Moreno	10
„Familienrekonstruktion" nach Virginia Satir	11
„Struktur" nach Albert Pesso	12
„Theater der Unterdrückten" nach Augusto Boal	13
„Familienstellen" nach Bert Hellinger	14
II – GRUNDLAGEN DER SINNANALYTISCHEN AUFSTELLUNG	16
Wenn sich nichts mehr bewegt!	17
Den Horizont erweitern	20
Das rationale Weltbild	23
Das energetische Weltbild	24
Wie Gefühle entstehen	28
Grenzen der Wahrnehmung	30
Persönlicher Wahrheitsausschnitt	33
Synchronizitäten verstehen	34
Wie sich Persönlichkeit entwickelt	38
Individuelle Gefühle	40
Emotionen sind wichtig!	43
Kategorien der Gefühle	45
Die Basisgefühle	45
Die Impulsgefühle	51
Die Emotionen	54
Entwicklung und Reife	61
Blockaden im Energiefeld	64
Energetische Ohnmacht im Alltag	65
III – PRAXIS DER SINNANALYTISCHEN AUFSTELLUNG	114
Sinn und Inhalt	116
Belastende Lebensinhalte	120
Warum Sinnanalytische Aufstellungen?	122
Wie funktionieren Sinnanalytische Aufstellungen?	124
Der Veränderungsprozess	126

Der Wahrheitsausschnitt 128
Leitung und Moderation.. 129
Anwendungsfelder und Themen 130
Formen Sinnanalytischer Aufstellungen 134
  „Wie"-Aufstellungen 134
  „Warum"-Aufstellungen 136
  „Wohin"-Aufstellungen 141
  Komplexe Aufstellungsformen 144
  Aufstellungen zu persönlichen Aspekten 146
Ablauf einer Aufstellung mit Stellvertretern 148
  Allgemeines 148
  Die Vorbereitungen 148
  Die einleitende Meditation 149
  Der SAA-Ablauf 149
  Das Nachgespräch 150
  Die Integrationsphase 151
Erfahrungsbericht Klara 153
Ablauf einer Zettelaufstellung 156
Ablaufbeispiele mit dem Kartenset 158
Beispiel-SAA im Schulkontext 182
Häufig gestellte Fragen 185

IV – DIE WÜRDE ZURÜCKGEWINNEN 192

V – SCHLUSSWORT 198

ANHANG 200
Meditation zur Vorbereitung einer SAA 200
Vorlage Vorgespräch 201
Vorlage Reflexionsfragen 201
Vorlage Nachgespräch 202
Aufstellungsvarianten 203
Vorlage Anmeldungsformular 204
Literaturempfehlungen 206

VORWORT

Die Arbeit mit Aufstellungen ist ein umfangreiches Feld; seit mehr als 15 Jahren beschäftige ich mich mit verschiedenen Methoden und Anbietern. So habe ich – als Klient und Hospitant – vor einigen Jahren auch Stefanie Menzel kennengelernt und als Aufstellungstrainer erlebt. Aus dem geschäftlichen Kontakt ist mittlerweile eine Freundschaft geworden.

Was macht Stefanie Menzel so besonders? Die von ihr entwickelte „Sinnanalytische Aufstellung" hebt sich deutlich ab von der klassischen Familienaufstellung. Sie verfolgt dabei einen sehr pragmatischen Ansatz und ihre Methoden sind weder abgehoben noch esoterisch, sondern auf eine angenehme Art bodenständig. Neben der fundierten therapeutischen Ausbildung und einer hohen praktischen Erfahrungskompetenz verfügt sie über ein erstaunlich empathisches Vermögen und macht sich ihre ausgeprägte seherische Fähigkeit zunutze. So werden die im Unterbewusstsein der Teilnehmer verankerten Themen schnell aufgedeckt und können in eine heilende Bewegung kommen und transformiert werden.

Die Einsatzfelder der „Sinnanalytischen Aufstellung" umfassen einerseits private Themen wie Partnerschaft, Gesundheit, Geld oder Berufswahl, die Klienten kommen aber auch aus dem geschäftlichen Umfeld, beispielsweise mit Fragen zu Bewerberauswahl oder Markteintritt.

Seit zwei Jahren beschäftige ich mich mit der Aufstellungsarbeit in einem wissenschaftlichen Kontext. Mich interessiert, wie verdeckte Aufstellung in der Wirtschaft funktioniert. Hier ist Stefanie Menzel für mich ein geschätzter Sparring-Partner. Mit ihrem umfangreichen Erfahrungsschatz trägt sie enorm zur Bereicherung meines eigenen Forschungsfeldes bei.

Dieses Buch beschreibt sehr schön die Geschichte der Aufstellungsarbeit; der Leser bekommt einen schnellen Überblick und die Autorin zeigt die Möglichkeiten und Grenzen der Methodik auf. Gerade ihre heilenergetische Sicht auf die Aufstellungsarbeit – die ich übrigens voll mit ihr teile – erlaubt es, systemisch zu denken und das eigene Bewusstsein zu erweitern. Ihre Ausführungen vermitteln dem Leser das energetische Welt- und Menschenbild und betonen die große Bedeutung der Eigenverantwortung.

VORWORT

Mit diesem Buch ist es Stefanie Menzel hervorragend gelungen, das Themenfeld „Aufstellung" solide und für den Laien nachvollziehbar darzustellen. Der Leser bekommt einen substanziellen Einblick in die systemische Arbeit und in die Denk- bzw. Herangehensweise der Heilenergetik. Darüber hinaus erhält er wertvolle Anregungen für die eigene Reflexionspraxis und für die Entfaltung des individuellen Wachstumspotenzials.

Ich wünsche Stefanie Menzel, dass sie mit diesem Buch viele Menschen erreicht und dass es dazu beiträgt, mehr Klarheit und Licht in die eigene Biografie der Leser zu bringen.

Dr. Klaus Hörmann

I – GESCHICHTE DER AUFSTELLUNGSARBEIT ALLGEMEIN

Die Wurzeln der Aufstellungsarbeit reichen weit in die Antike zurück: Neben der Darstellung des Götterkults sowie der Belustigung und Unterhaltung (Komödie) diente vor allem die Tragödie im Sinne des aristotelischen Theaters der emotionalen Reinigung (Katharsis). Hierfür sollte der Zuschauer mithilfe seiner Fähigkeit der Empathie in eine bestimmte Situation hineinversetzt werden und durch das Erleben des Schicksals der Protagonisten mit Jammern (eleos) und Schauern (phobos) reagieren und dadurch die Läuterung seiner eigenen Seele[1] erfahren. Heute, über 2000 Jahre später, zählt die Aufstellung als wirkungsvolle Technik zum festen Repertoire anerkannter gruppentherapeutischer Methodiker. In den letzten Jahrzehnten hat sich eine Vielzahl verschiedener Ansätze und Schulen etabliert, die im Folgenden kurz vorgestellt werden:

„Psychodrama" nach Jacob Levy Moreno

Während der Zwanzigerjahre des letzten Jahrhunderts begründete der österreichisch-amerikanische Arzt und Psychiater Jacob Levy Moreno das „Psychodrama" – eine therapeutische Methode, die Psychotherapie und Theaterspiel miteinander verbindet. Moreno sammelte frühzeitig Erfahrungen mit dem Stegreif-Theater und erlebte, wie befreiend es ist, unterdrückte Gefühle auf der Bühne ausdrücken zu können. Gefühle, die sonst in der Gesellschaft aufgrund von Rollen, gesellschaftlichen Normen und kollektiven Werten nicht ausgelebt werden können und seiner Ansicht nach bei vielen Menschen zu psychischen Störungen führen.

Moreno beschreibt das Psychodrama als „diejenige Methode, welche die Wahrheit der Seele durch Handeln ergründet" und das Ziel verfolgt, „die menschliche Spontaneität freizusetzen und gleichzeitig in das gesamte Lebensgefüge des Menschen zu integrieren". Obwohl es sich beim Psy-

---

[1] Mit heutigen Begriffen ist die aristotelische Seele ein übermaterielles Lebensprinzip, welches untrennbar an das Körperlich-Materielle gebunden ist und dieses überformt. (Dr. Stefan Bleeken)

chodrama um eine gruppentherapeutische Methode handelt, steht im Zentrum lediglich der Hauptdarsteller sowie seine spezifische Situation. Auf der Bühne erhält der Hauptdarsteller die Möglichkeit, eine belastende Situation oder ein kritisches Erlebnis aus der Vergangenheit abermals zu erfahren. Mit kritischer Distanz kann er die damit verbundenen Gefühle noch einmal durchleben sowie verschiedene Lösungsoptionen und Handlungsalternativen ausloten. Andere Teilnehmer stehen ihm dabei zur Verfügung, um seine innerlich empfundenen Konflikte darzustellen.

Moreno wollte auf diese Art und Weise den Menschen als Schöpfer seiner eigenen subjektiven Wirklichkeit stärken. Der Wechsel zwischen Realität und therapeutischem Spiel lasse es zu, dass der Hauptdarsteller neue Verhaltensweisen für eine bestimmte Situation erproben und in sein Leben integrieren kann. Durch sein schöpferisches Potenzial sei es ihm möglich, seine innere und äußere Welt aktiv mitzugestalten. Hierbei spiele die Spontaneität eine besondere Rolle, mit der sich die eigene Lebenswelt unmittelbar und unvoreingenommen erkunden, umgestalten und neu formen kann.

Moreno wirkte wegweisend für sämtliche Ansätze, die heute als „systemisch" gelten.

„Familienrekonstruktion" nach Virginia Satir

Die amerikanische Lehrerin, Sozialarbeiterin und Psychoanalytikerin Virginia Satir begründete in den Fünfzigerjahren die „Familientherapie" und wird daher gern auch als „Mutter der Familientherapie" bezeichnet. Satir ging davon aus, dass die psychischen Belastungen eines Menschen stets Ausdruck einer Störung in seinem Familiensystem sind, welche sich über Generationen hinweg fortsetzen kann. Statt die Klienten isoliert zu therapieren, sollten die Familienmitglieder daher in den Therapieprozess mit einbezogen werden. Im Rahmen von Familienrekonstruktionen gelingt es den Klienten, sich der Geschichte ihrer Familienmitglieder Stück für Stück anzunähern und sich die damit verbundenen Gefühle zu vergegenwärtigen und zu verarbeiten.

Hierfür entwickelte Virginia Satir das Verfahren der „Familienskulptur". Dabei wird das Bild der Familie eines Klienten in Form einer menschlichen Skulptur dargestellt. Die tatsächlichen Familienmitglieder stellen sich hierfür zueinander auf: Durch das Verhältnis von Position, Richtung, Nähe, Distanz und den Einsatz von Körpersprache gelingt es, die emotionalen Beziehungen der Familienmitglieder „sichtbar" zu machen und daran anknüpfend im Laufe der Therapie auch weiterzuentwickeln.

Um die verschiedenen Persönlichkeitsanteile eines Klienten aufzuzeigen, entwickelte Satir auch die Methode „Parts Party". Dabei wird der Klient angehalten, anderen Beteiligten verschiedene Anteile der eigenen Persönlichkeit zuzuweisen und diese miteinander interagieren zu lassen.

Nach Satir stellt der Selbstwert den entscheidenden Dreh- und Angelpunkt eines Menschen dar, das heißt, sich selbst und seine Mitmenschen wahrzunehmen sowie Denk- und Handlungsmuster zu formen. Ein positiver Selbstwert führt dazu, dass der Einzelne sich im sozialen Gefüge behaupten kann und seine soziale Umgebung seinen Bedürfnissen entsprechend positiv mitgestalten kann. Therapeutische Interventionen sollten daher – so Satir – auf die Stärkung des Selbstwertes von Personen abzielen.

„Struktur" nach Albert Pesso

Auch der amerikanische Choreograph und Tänzer Albert Pesso erkannte einen wichtigen Zusammenhang zwischen Emotionen und deren Ausdruck auf der körperlichen Ebene im Tanz. Pesso stellte im Rahmen der Ausbildung seiner Tänzer fest, dass diejenigen, die Schwierigkeiten mit einer bestimmten Bewegung hatten, gleichermaßen Schwierigkeiten hatten, einen Zugang zu der Emotion hinter der Bewegung zu finden. Wurden diese Tänzer aber von anderen Tänzern durch Bewegungen unterstützt, die jene Emotion entsprechend ausdrückten, gelang es ihnen, einen Zugang zu der Bewegung und auch zu der Emotion zu finden.

Pesso entwickelte aus diesen Beobachtungen gemeinsam mit seiner Frau Diane Boyden Pesso einen körpertherapeutischen Ansatz, um belastende

Erfahrungen und Erlebnisse aus der Kindheit zu verarbeiten, und nannte diesen „Struktur". Pesso nutzte dabei gruppentherapeutische Interaktionen, um die Situation eines Klienten mittels einer Vielzahl von Teilnehmern darzustellen, dem historischen Ursprung nachzuspüren und eine korrigierende Erfahrung (nachträglich) zu ermöglichen. Der Klient war dabei nicht selbst Akteur seiner Geschichte, sondern er schaute den Stellvertretern dabei „von außen" zu. Durch bewusstes Rollenspiel wurden problematische Situationen der Vergangenheit nachgestellt und Zusammenhänge zwischen Ereignissen, Verhaltensweisen und Emotionen beleuchtet. Anschließend wurde der realen Geschichte eine neue Variante entgegengestellt – ebenfalls durch die Rollenspieler verkörpert –, zum Leben erweckt und so im Bewusstsein des Klienten verankert.

Pesso geht davon aus, dass durch die „korrigierte" Erinnerung eine neue, heilsame innere Wirklichkeit beim Klienten entsteht.

„Theater der Unterdrückten" nach Augusto Boal

Die persönliche Situation des Einzelnen durch dramaturgische Interaktionen zu verändern, war auch Anspruch des brasilianischen Theaterregisseurs und Pädagogen Augusto Boal. Er verstand das Theater als eine Methode, bei welcher der Zuschauer eine spezifische Situation aus verschiedenen Perspektiven beleuchten und neue Handlungsmuster erproben kann. Anders als Moreno ging Boal aber noch einen Schritt weiter, indem er Theater nicht nur als einen Weg sah, als Darsteller und Zuschauer die innere Lebenswelt erkunden und verändern zu können, sondern auch gesellschaftliche Veränderungsprozesse anzuregen: So entwickelte Boal vor dem Hintergrund der Militärdiktatur in Brasilien das „Theater der Unterdrückten". Dabei handelte es sich um eine Form des Theaterspiels, in das der sonst passive Zuschauer aktiv darstellend miteinbezogen wurde. Theater diente hier als Forum für politische Bewusstseinsbildung und Kommunikation. Boal begriff jeden Menschen als Künstler, der in der Lage ist, gesellschaftliche Veränderungsprozesse bewusst und aktiv mitzugestalten und sich so aus der Repression eines politischen Systems zu befreien.

„Familienstellen" nach Bert Hellinger

Kaum ein anderer Name wird so eng mit dem Begriff „Aufstellung" und dem Ansatz der „Familienaufstellung" verbunden und gleichzeitig so kontrovers diskutiert wie Bert Hellinger. Zur Zeit der Weimarer Republik in den Goldenen Zwanzigern geboren, studierte er zunächst in Köln katholische Theologie, Philosophie und Pädagogik, bevor er nach der Priesterweihe Missionar in Südafrika wurde. Anschließend absolvierte er in München die Ausbildung zum Psychoanalytiker und setzte sich vor allem in den USA mit zahlreichen weiteren gruppentherapeutischen Verfahren auseinander.

Hellinger ließ ganz explizit durch Stellvertreter (für Personen in dem systemischen Zusammenhang des Klienten) die Beziehungsstrukturen aus Sicht des Klienten aufstellen. Hierfür ordnete der Klient die Stellvertreter im Raum so an, wie er das Beziehungsgefüge subjektiv erlebte. Ohne weitere bzw. sehr wenige Informationen begaben sich die Beteiligten gemeinsam auf einen phänomenologischen Erkenntnisweg, d. h. sie nahmen ihre eigenen Persönlichkeiten so weit wie möglich zurück und fühlten sich in ihre jeweiligen Rollen und ihre Beziehungen zu den anderen ein.

Immer wieder berichteten Teilnehmer von solchen Erlebnissen und Erfahrungen, von denen sie eigentlich nichts hätten wissen können, da sie keinen rationalen bzw. informellen Zugang dazu gehabt hatten. Hellinger begründete dies mit dem sogenannten „wissenden Feld" bzw. dem Informationsfeld der „Familienseele", welches sich in einer Aufstellung für die Beteiligten öffne, und dieser Zugang ermögliche es vor allem dem Klienten – dem Hauptakteur –, Erkenntnisse über sich, über seine Herkunftsfamilie und über seine jetzige bzw. eine frühere Situation zu gewinnen. Dieses Feld sei buchstäblich „der Zeit um viele Jahre voraus".

Anders als die Vertreter des Psychodramas begreift Hellinger seinen Ansatz des Familienstellens jedoch nicht als Technik, Handwerk oder Methode, sondern als prozessualen Erkenntnisweg. Die Erkenntnis erschließe sich im Rahmen der Aufstellung: Hier gehe der Klient auf eine „höhere" Bewusstseinsebene und könne dort eigene Lebenszusammenhänge klarer oder überhaupt erst erkennen. Auf dieser Bewusstseinsebene gelte es dann auch, beispielsweise eine zerrüttete Ordnung oder einen abgebrochenen Kontakt wiederherzustellen.

Die Gründe für gestörte oder blockierte Familiensysteme sind übrigens ausgesprochen vielfältig und reichen von persönlichen Differenzen und Konfrontationen über Verleumdungen, Diffamierungen, Verurteilungen und Tabuisierungen bis hin zu Demütigungen, Missbrauch und gewaltsamen Übergriffen. Auch die hierarchischen Strukturen innerhalb von Familiensystemen werden oftmals bewusst oder unbewusst übergangen, sodass es zu Verletzungen kommt, die über Generationen hinweg wirksam bleiben.

Hellinger geht bis heute davon aus, dass durch das physische Aufstellen in Verbindung mit der empathischen Einfühlung eine spürbare Bewegung im Feld des Klienten stattfindet, die sich vor allem erst nach der Aufstellung langsam im Leben des Klienten ausdrückt bzw. auswirkt. Diese Entwicklungen gehen dabei nicht zwingend mit den Ergebniswünschen des Klienten einher; nach Hellinger gehe es aber vielmehr bei einer Aufstellung darum, zu erkennen, was „dem Wohl des Klienten" dient. Neben vielen Aspekten, wie die Wiederherstellung hierarchischer Ordnungen in Familiensystemen, ist dieser Punkt der umstrittenste: Wessen „Wohl" dient eine Aufstellung, wenn der Klient selbst es nicht als zu seinem eigenen Wohl wahrnehmen kann?

II – GRUNDLAGEN DER SINNANALYTISCHEN AUFSTELLUNG

Immer wieder kommen Menschen in meine Beratung und bitten mich voller Hoffnung, ein Wunder zu vollbringen: Kann eine Frau keine Kinder bekommen, wünscht sie sich nichts sehnlicher, als endlich schwanger zu werden. Sucht jemand schon seit Monaten verzweifelt nach einem passenden Job, hofft er, dass seine Bewerbungen endlich fruchten mögen. Manchmal ist es aber auch der Wunsch, einen geliebten Menschen, den man verloren hat, nach zahlreichen missglückten Therapieversuchen endlich loslassen zu können.

Tatsächlich kann ich den Menschen in den meisten Fällen helfen, zur Klärung ihres Anliegens beitragen und so ihre Not lindern. Doch was für meine Klienten darin als Wunder anmuten mag, ist im Grunde nicht mehr als die logische Konsequenz meiner Arbeit: Der Begriff „Wunder" stammt aus dem Griechischen (thauma) und beschreibt ein erstaunliches und außergewöhnliches Ereignis, das wir uns mit unserem Verständnis von den Gesetzmäßigkeiten der Welt, der Natur, des Menschen sowie unserer Vorstellung von Raum und Zeit nicht erklären können. Vor dem Hintergrund eines neuzeitlichen (holistischen[2]) Weltbildes sind die positiven und auch plötzlichen Veränderungen im Leben meiner Klienten aber weder erstaunlich noch außergewöhnlich, denn wer die Spielregeln des Lebens kennt, der kann sein Leben selbst gestalten, mit dem eigenen Bewusstsein kreativ und zielorientiert arbeiten und das Leben in vollen Zügen genießen!

Ein bewährtes Verfahren bei der Klärung von Anliegen und der Lösung von Konflikten meiner Klienten stellen die Sinnanalytischen Aufstellungen (SAA) dar, die seit Jahren zu einem wichtigen Standbein der Heilenergetik geworden sind. Dabei handelt es sich um eine therapeutische Methode, die den Betroffenen dabei unterstützt, seine eigenen emotionalen Blockaden als Prägungen der Kindheit zu erkennen und die Zusammenhänge einer bestimmten Lebenssituation zu erforschen. Mithilfe dieser neu gewonne-

---

[2] Holistisch bedeutet so viel wie ganzheitlich. Der Holismus ist eine philosophische Lehre, nach der alle Daseinsformen im Universum (physikalische, biologische aber auch kulturelle) die Tendenz aufweisen, sich zu höher integrierten Einheiten zusammenzuschließen. (Alexandra Schwarz-Schilling)

nen Wahrnehmungen und Informationen lassen sich dann die Leid verursachenden Blockaden und die damit einhergehenden negativen Gefühle lösen.

Seit über 20 Jahren praktiziere ich nun im Rahmen meiner Tätigkeit als Therapeutin erfolgreich die Sinnanalytischen Aufstellungen und bin immer wieder berührt, wie das Leben meiner Klienten auf diese Weise an Klarheit, Freude, Kraft und Leichtigkeit gewinnt.

Unser Leben ist mehr, als wir oft denken. Ich möchte deshalb den Lesern vor allem Anregungen geben, das ganze Spektrum der Möglichkeiten und Potenziale im eigenen Leben zu erkennen und zu nutzen – das heißt, nicht länger auf ein äußeres „Wunder" zu warten. Denn das wirkliche Wunder kann jeder Mensch nur in sich selbst entdecken. Dieses Buch ist also für all diejenigen geschrieben, die keine Lust mehr haben, im Wartesaal ihres Lebens zu sitzen.

Wenn sich nichts mehr bewegt!

„Ich habe einfach keine Lust mehr, auf Wunder zu warten!", antwortet eine verzweifelte Klientin auf die Frage, warum sie sich für eine SAA bei mir entschieden habe. Klara ist eine junge Frau, Mitte dreißig, schlank, gut aussehend und gebildet. Sie geht ihrem Beruf als kaufmännische Angestellte in einem großen Automobilkonzern gerne nach. Sie tanzt mit Leidenschaft Salsa, verbringt ihre Wochenenden am liebsten draußen in der Natur und hat ein gutes Verhältnis zu ihren Eltern. Und doch, eines fehlt in Klaras Leben: endlich ein fester Partner! Seit Jahren ist Klara Single und unglücklich darüber. Während ihre Freundinnen sich Gedanken über weiße Kleider und Tortenfüllungen machen, schleppt sich Klara nur von einem Date zum nächsten und erlebt statt romantischen Flirts einen Flop nach dem anderen. Auch der vielversprechende Matching-Algorithmus eines überteuerten Dating-Portals konnte daran bisher nichts ändern. Irgendwann bekommt sie schließlich von einer Bekannten die Empfehlung, eine Sinnanalytische Aufstellung in Anspruch zu nehmen, um ihrem Problem tiefer auf den Grund zu gehen, und so landet sie schließlich bei mir in der Praxis ...

Im Rahmen meiner Tätigkeit treffe ich viele Menschen wie Klara. Bodenständige Menschen, die morgens zur Arbeit fahren, sich um Kinder und Angehörige kümmern und sich auf ihren Urlaub freuen. Menschen aller Altersgruppen und Gesellschaftsschichten. Ärzte, Bürokaufleute, Banker, Hausfrauen und Pfleger – alle mit kleinen und großen Sorgen und zahlreichen Lebensgeschichten im Gepäck. Manch einer kann einfach eine zerbrochene Liebe nicht überwinden, andere wiederum kommen, weil sie die ewigen Familienstreitereien schlichtweg nicht mehr aushalten. Viele leiden an Krankheiten, die trotz zahlreicher und auch modernster Therapieansätze und Heilverfahren einfach nicht in den Griff zu kriegen sind. Auch Paare finden den Weg schließlich zu mir, weil sie trotz bester organischer Voraussetzungen, allerlei Entspannungstechniken und Vitaminkuren sowie stundenlangen Prozeduren in diversen Babywunschkliniken einfach nicht schwanger werden. Getrieben schoben sich viele von ihnen von Therapeut zu Therapeut, Arzt zu Arzt, Heilpraktiker zu Heilpraktiker, von Seminar zu Seminar. Ganze Bibliotheken hatten sie verschlungen, um der Lösung ihres Themas näher zu kommen. Sie haben dem Chef die Meinung gesagt, Selbstliebe-Seminare besucht, Affirmationen auf Vergebungszeremonien gesprochen, vegan gelebt, sich beim Yoga verrenkt und das innere Kind gepäppelt.

„Und doch", so resümiert Klara im Hamsterrad ihrer Problembewältigung, „egal was ich tue, es bewegt sich einfach nichts." Sie berichtet mir in unserem ersten Gespräch, dass sie das Gefühl hat, vor einer riesigen Wand zu stehen, die sie in all den letzten Jahren nicht zu überwinden wusste, die immer nur höher und massiver geworden zu sein schien. Klara ist traurig und wütend, aber vor allem eines: hilflos.

So wie Klara geht es vielen meiner Klienten. Neben der Trauer, der Wut und der Hilflosigkeit verspüren sie auch eine große Scham, dass es ihnen trotz professioneller Unterstützung bisher nicht gelungen ist, eine Lösung für ihr jeweiliges Problem zu finden. Insbesondere Männer tun sich damit sehr schwer; sie haben doch vom Kopf her verstanden, worum es geht, und verstehen nicht, warum sich trotzdem nichts ändert.

Was meine Klienten in diesen schmerzhaften Momenten noch nicht ahnen, ist, dass sie sich bereits am Anfang einer Reise befinden, die tatsächlich eine Lösung verspricht. Denn der Schmerz – ob seelisch oder körperlich – fordert sie auf, den eigenen Standort neu zu bestimmen und die bisherige Richtung im Leben zu hinterfragen. Er lädt sie ein, ihre eigene Komfortzone zu verlassen und die Grenzen des eigenen Horizontes zu erweitern. Er ermuntert sie, sich mit den eigenen Gefühlen und Themen auseinanderzusetzen. Der Schmerz in einer scheinbar ausweglosen Situation ist immer zugleich auch der Geburtsschmerz in eine neue Lebensphase. Darin liegt die Chance und die Herausforderung unseres menschlichen Daseins: Wollen wir das Leben annehmen oder verweigern wir uns dem Leben? Wollen wir uns weiterentwickeln und reifen oder verharren und leiden?

„Ich bin mittlerweile einer dieser klassischen Langzeitsingles geworden, bei denen es schlichtweg als normal angesehen wird, keinen Partner zu haben. Ob Abendessen, Kinobesuche oder sogar Hochzeiten: Meine Freunde sind es gewohnt, mich allein einzuladen. Oft frage ich mich, ob auf meiner Stirn steht: ‚Nein, ich brauche keinen Freund!' Es ist mir schleierhaft, warum ich einfach seit Jahren keinen Mann finde. Ob Dating-Portale, Single-Partys, Opfer von Verkupplungsaktionen, mutig im Club an jemanden rangepirscht oder ein komplettes Umstylen – ich habe wirklich alles versucht. Mittlerweile bin ich nicht nur mehr verzweifelt, sondern einfach resigniert. Ich habe die Hoffnung schon aufgegeben und überlege mir, wie mein Leben auch ohne Partner oder gar Familie langfristig aussehen kann. Aber irgendetwas in mir sagt mir doch, dass es auch einen passenden Deckel für mich geben muss!"

Klaras eindrückliche Beschreibung ihrer Situation macht deutlich, dass jede ihrer bisherigen Lösungsstrategien keinerlei Besserungen mit sich brachte. Jeder ihrer Lösungsstrategien liegt jedoch ihr individuelles Verständnis des Problems zugrunde: Auf welche Weise betrachtet sie ihre Situation und was hält sie – aus ihren bekannten Mustern heraus – überhaupt für eine Lösung? So glaubt Klara beispielsweise, dass ihr Single-Dasein sich darin gründet, dass sie nicht genügend Männer kennenlernt. Daher nimmt sie an verschiedenen Veranstaltungen teil und probiert auf unterschiedlichen Wegen, Männer anzusprechen, da sie davon ausgeht, dass dies ihre Chancen erhöhen würde, den Richtigen zu finden. Klara verändert ihren Kleidungsstil, da sie glaubt, nicht attraktiv genug für Männer zu sein. All diese Sichtweisen und Überzeugungen hat Klara im Laufe ihres Lebens von ihrer

Umgebung gelernt: durch das Verhalten ihrer Mutter, in Gesprächen mit Freunden, beim Beobachten anderer Paare oder auch durch den Konsum von Beziehungsratgebern und Klatschzeitschriften.

Den Horizont erweitern

Der Betrachtung und Lösung der Probleme und Anliegen meiner Klienten lege ich grundsätzlich ein energetisches Welt- und Menschenbild zugrunde. Auf diese Weise gewinnen wir gemeinsam den Blick aus einer Vogelperspektive auf die Lebenszusammenhänge. Wir erweitern den Horizont, um die Sorgen und Nöte aus einer anderen Perspektive zu verstehen, um sie dann gemeinsam bearbeiten zu können. Dies mag für viele Menschen zunächst sehr befremdlich wirken, denn „Energetik" ist den wenigsten ein geläufiger Begriff, und sie fragen sich, wie ihnen das denn helfen könnte. Dabei verkennen die meisten, dass sie in vielen Bereichen ihres Lebens bereits energetische Heil- und Lösungsverfahren ganz selbstverständlich anwenden, beispielsweise:
→ Chinesische Medizin
→ Homöopathie
→ Feng Shui
→ Kinesiologie
→ Reiki
→ Akupunktur
→ Beten

Das Wissen um die Existenz und die Wirkungsweise energetischer Felder steht jedem Menschen zur Verfügung. Jeder kann zu diesem Wissen Zugang erlangen und es selbst zur positiven Gestaltung seines Lebens nutzen. In anderen Kulturen ist das Wissen um die energetischen Zusammenhänge sogar ein fester Bestandteil des täglichen Lebens, beispielsweise in weiten Teilen Asiens, Afrika und Südamerika. Im Laufe der westlich-christlichen Kulturgeschichte wurde dieses Wissen jedoch aus dem kollektiven Bewusstsein verdrängt und steht uns daher zur Lebensbewältigung, zur Erhaltung unserer Gesundheit, zur Klärung sozialer Angelegenheiten und persönlicher Anliegen nicht mehr zur Verfügung.

Die Art und Weise, wie wir im westlichen Kulturkreis die Zusammenhänge des Lebens betrachten – unser Weltbild –, schließt den energetischen Zugang zum Leben nicht mehr ein. Weltbilder sind der Versuch, sich – wie das Wort schon sagt – ein übersichtliches Bild von der Ordnung der Welt und des Lebens zu machen. Darin fassen wir grundlegende Fragestellungen und Annahmen zur Existenz der Schöpfung sowie der Stellung des Menschen innerhalb dieser Schöpfung zusammen:

→ Was ist die Welt?
→ Was ist Leben?
→ Worauf ist Leben ausgerichtet?
→ Was ist der Sinn des Lebens?

Unser heutiges Verständnis von der Welt und unser alltägliches Leben sind untrennbar mit dem heliozentrischen Weltbild verbunden, welches infolge der bahnbrechenden Forschungsarbeiten des polnischen Astronomen Nicolaus Kopernikus Mitte des 16. Jahrhunderts eingeleitet wurde: Der altgriechische Begriff ἥλιος *(lateinisch: helios)* bedeutet so viel wie Sonne; κέντρον *(kentron)* so viel wie Mittelpunkt. Kopernikus geht davon aus, dass nicht die Erde, sondern die Sonne das Zentrum im Kosmos ist, um welches sich die Planeten bewegen. Der italienische Mathematiker Galileo Galilei konnte mit seinen Beobachtungen der Jupitermonde mittels eines Fernrohrs die Arbeiten Kopernikus' letztendlich bestätigen: Die Erde selbst kreise um die Sonne!

Diese zunächst nur astronomischen Entdeckungen hatten aber auch bahnbrechende Folgen für die damalige gesellschaftliche Entwicklung. Bis zu diesem historischen Zeitkorridor gingen die Menschen fast 1500 Jahre lang davon aus, dass die Erde den Mittelpunkt des Universums darstellt (geozentrisches Weltbild). Aus diesem Bewusstsein heraus leitete auch die Kirche ihr Verständnis von Gott ab. Wie die Erde stand auch Gott im Zentrum des Lebens. Als Schöpfer alles Irdischen wachte und richtete er über Gut und Böse. Die Menschen begriffen ihr Leben als Prüfung ihres Glaubens, um nach dem Tod mit dem Segen ihres höchsten Richters in den Himmel zu gelangen. Mit der Etablierung der naturwissenschaftlichen Perspektive auf die Erde, aber auch infolge machtpolitischer Konflikte und Korruptionsvorfälle verlor die Kirche zunehmend an Deutungshoheit und Autorität innerhalb der Bevölkerung. Grundlegende Fragen des irdischen Daseins wurden daher neu aufgerollt und auf Basis naturwissenschaftlicher und metaphysischer Vorgehensweisen neu bestimmt. Die Zeit mystifizierender Erklärungsversuche war vorbei.

Der kritisch denkende Mensch, der sich Schritt für Schritt seine Welt mit der Fähigkeit des Denkens und des permanenten Überprüfens erschließt, wird zum Ideal der Neuzeit. „Cogito, ergo sum." – „Ich denke/zweifle, also bin ich." Der französische Philosoph René Descartes regt zu einer Form der Erkenntnisgewinnung an, die jenseits von Bewertungen und Urteilen vollzogen werden soll: Fragestellungen und Probleme sollte man in ihre Bestandteile aufteilen und diese Stück für Stück stets mit rationalem Blick erschließen. Diese Vorgehensweise entspricht auch dem Welt- und Menschenbild Descartes: den Menschen und das Leben selbst als mechanischen Apparat zu begreifen, welcher sich zum Verständnis in Einzelteile zerlegen lasse. Im Zeitgeist der Neuzeit entstand unter der Mitwirkung vieler weiterer Wissenschaftler, wie Kepler und Newton, auf diese Weise allmählich ein mechanisches Selbstverständnis von der Welt: eine Welt, die sich objektiv erschließen lässt und stets dem Prinzip von Ursache und Wirkung folgt.

Bis heute prägt uns das mechanische Weltbild in jedem Winkel unseres gesellschaftlichen und privaten Lebens. Es bestimmt unser Wirken in der Welt, unseren Umgang mit der Natur, die Beziehungen zu unseren Mitmenschen, aber auch eben die Art und Weise, wie wir unser Leben wahrnehmen und unsere Probleme lösen.

Weltbilder sind wie unsichtbare Brillen auf unseren Nasen, mit denen wir durch das Leben gehen, Gedanken entwickeln und Handlungsoptionen ausloten. Weltbilder geben einer ganzen Kultur Halt und Sicherheit, sie bilden die Grundlagen unseres Denkens, auf denen wir alle uns jederzeit gemeinsam mit anderen verständigen und über die wir uns – auch unausgesprochen – einig sind. Weltbilder lenken unseren Blick auf das Leben, auf uns selbst sowie auf unsere Sorgen, Nöte und Ängste.

Das rationale Weltbild

In meiner therapeutischen Arbeit stelle ich immer wieder fest, wie sehr gerade das rationale Weltbild dazu geführt hat, dass wir sowohl die komplexen gemeinsamen Herausforderungen unserer Zeit als auch die zahllosen Fragen unseres privaten Einzellebens nicht mehr in ihren Zusammenhängen, Abhängigkeiten und Wechselwirkungen begreifen. Stattdessen analysieren wir beispielsweise unser eigenes Leben bis zur Unkenntlichkeit und „doktern" – isoliert vom großen Ganzen – an unseren Problemen herum, mal mit und mal ohne professionelle Hilfe. Beim Sezieren unseres Daseins und beim Freilegen unserer Probleme scheinen wir zwar Lunge, Herz und Gehirn ausfindig zu machen – die Seele aber bleibt uns meist verborgen. Was uns Menschen zur wirklichen Klärung unserer Anliegen aber fehlt, ist ein umfassendes Verständnis der Einbindung unseres Daseins in größeren Zusammenhängen und das Erkennen unserer Seelenstruktur, die uns als Individuen neben allen physischen und psychischen Aspekten wesentlich ausmacht. Wir fordern und fördern die intellektuelle Intelligenz und vergessen dabei vollkommen, dass die emotionale Intelligenz das Schmiermittel ist, dass das Leben sinnvoll macht – und lebenswert.

Was wir zusätzlich zum Verständnis der einzelnen Puzzleteile des Lebens brauchen, ist ein größeres (holistisches) Weltbild, dass es uns ermöglicht, den Wald „zwischen" den Bäumen zu erkennen. Eine differenziertere Sichtweise, die es uns gestattet, die Stille „zwischen" den Noten zu hören, und eine subtilere Wahrnehmung, um das Vertrauen als Schwingungsfeld zwischen zwei Personen spüren zu können. Erst wenn es uns gelingt, den „magischen" Zwischenraum in allem Lebendigen zu erfahren, können wir unsere Welt in ihrem ganzen Wesen begreifen, unsere Probleme in ihrer vielschichtigen Komplexität verstehen und dafür Lösungen ausfindig machen, die weit über die bisher in unserer Vorstellung passenden und bekannten Möglichkeiten hinausgehen. Wir erleben sozusagen einen Paradigmenwechsel.

Mit dem energetischen Menschenbild und der Arbeit der Sinnanalytischen Aufstellung habe ich eine tiefere Wahrheitsebene erschlossen, um jenen Zwischenraum betreten und erkunden zu können. Wenn das Wissen über die energetischen Zusammenhänge des Lebens aktiviert wird, entsteht ein höheres Bewusstsein, das einerseits ein genaueres Verständnis von Problemen und Leiden zur Folge hat und andererseits kreative, intuitive und wirksame Lösungsansätze hervorbringt. Dadurch verringert sich die Belastung im Alltag und es wird endlich Kraft und Lebensfreude dazugewonnen. Hierfür braucht man weder Wässerchen oder Mittelchen, weder Meistergrad noch Yogamatte. Die Übungen, Techniken und Methoden, die ich in diesem Buch sowie in meinen Seminaren und Beratungen vermittle, können grundsätzlich von jedermann erlernt sowie zu jedem Zeitpunkt und ohne weitere Hilfsmittel angewendet werden. Was es aber ganz sicher braucht – wie bei allen Verwandlungsprozessen sind Mut und Entdeckergeist, über den eigenen Tellerrand zu blicken und das eigene Bewusstsein für neue Wege zu öffnen.

Manche Denkansätze fordern dich vielleicht heraus und manche Übungen mögen ungewöhnlich auf dich wirken. Lass dich hiervon nicht beirren, denn selbst Einstein wusste schon: „Die reinste Form des Wahnsinns ist es, alles beim Alten zu lassen und zu hoffen, dass sich etwas ändert." Statt auf ein Wunder zu warten, lade ich dich deshalb vielmehr zum Wundern und Staunen ein: Lies mit wachen Augen, begegne neuen Erfahrungen mit offenem Herzen und finde deine eigene Wahrheit über dein persönliches Glück in allen Lebensbereichen.

Die Lebensphilosophie der Heilenergetik begreift den Menschen als energetisches Wesen.

Das energetische Weltbild

Die den Menschen durchdringende Energie manifestiert sich in ihrer langsamsten Schwingungsfrequenz als materieller Körper, den wir sinnlich erfahren können. Die schneller schwingenden Frequenzbereiche bilden dagegen das den physischen Körper umgebende energetische Feld: den subtilen Körper. Im energetischen Feld des Menschen wirken zwei Energiearten ineinander verwoben: die kosmische Energie und die Erd-Energie. Beide Energiearten schwingen entgegengesetzt und verbinden sich im menschlichen Energiefeld zu einem vieldimensionalen Schwingungskörper. Dieser Schwingungskörper durchdringt und umgibt den Menschen. Er schwingt rhythmisch vom Zentrum des Herzens nach außen und wieder zurück und kann je nach Lebenskraft einer Person unterschiedlich weit reichen.

Die Energiearten
- Die **Erd-Energie** verbindet den Menschen mit allen irdischen Abläufen. Dazu zählen neben der Schwerkraft auch die Einflüsse von Sonne, Mond und Witterung. Die Erd-Energie ermöglicht dem Menschen ein unbewusstes Grundverständnis von Wachstum, Entwicklung und Vergänglichkeit sowie für das Miteinander von Mensch, Tier und Materie.
- Die **kosmische Energie** verbindet den Menschen mit seinem spirituellen Wesenskern und der geistigen Welt. Sie gestattet es dem Menschen, gemäß seinen persönlichen Aufgaben, dem Sinn und Ziel in seinem Leben zu agieren.

Beide Energiearten zusammen bilden in ihrer Gesamtheit das ganz persönliche „energetische Feld" eines jeden Menschen. Die Energien stehen uns also unbegrenzt zur Verfügung, sie versorgen unseren Körper mit Vitalität und Bewusstsein und verbinden uns mit unserer Umgebung und unseren Mitmenschen. Gleichzeitig ist dieses Feld der „Bauplan" für unseren materiellen Körper, unser Aussehen – unsere physische Gestalt – sowie für die Art und Weise, wie wir das Leben betrachten und es dann unserem Wesen entsprechend gestalten. Je nachdem, wie kraftvoll unser energetisches Feld ausgestattet ist, entwickelt sich unsere Stellung als Mensch in unseren Lebenszusammenhängen: Ob Job, Erfolg, Beziehung, Ansehen, Macht, Einfluss oder auch die Haltung zum Geld – all das ist vom Aufbau des Feldes und den darin enthaltenen Informationen abhängig.

Die beiden Energieströme – kosmische Energie und Erd-Energie – schwingen und durchdringen rhythmisch Tag und Nacht unseren Körper. All das, was wir erleben, ob Begegnungen, Erfahrungen oder Gefühle, schwingt vom Herzen nach außen und wieder zurück und wird wie eine Art Foto in dem energetischen Feld abgespeichert. Im Laufe unseres Lebens füllt sich unser energetisches Feld wie eine Bibliothek mit unendlich vielen Bildern und Gefühlen und Erfahrungsschätzen vergangener Momente. Begegnen wir anderen Menschen – aber auch Tieren, Pflanzen oder Objekten –, schwingen unsere unterschiedlichen Energiefelder ineinander, und das geschieht bereits, bevor wir unser Gegenüber mit all unseren fünf Sinnen physisch wahrgenommen haben! Noch bevor wir das Aussehen oder den Eindruck unseres Gegenübers wahrgenommen und bewertet haben, haben sich unsere Energiefelder schon gegenseitig durchdrungen und entsprechend der mehr oder weniger gemeinsamen Schwingungen über Sympathie oder Abneigung entschieden.

Sind wir mit unserer Umgebung im Einklang, bleibt unser Energiefeld harmonisch. Jeder von uns kennt diese Momente, wenn wir uns bei einem Gespräch mit einem Freund einfach nur wohl, zufrieden und gut angenommen fühlen und mit ihm auf einer Wellenlänge sind. Wenn wir das Gefühl haben, dass ein Kleidungsstück gut zu uns passt oder wenn wir einen bestimmten Ort als angenehm wahrnehmen – immer dann, wenn es uns zu einem bestimmen Zeitpunkt, an einem bestimmten Ort oder mit bestimmten Menschen, Tieren usw. gut geht, schwingen die energetischen Felder harmonisch zusammen; unsere Lebensenergie ist stabil oder steigt in unserem Feld an.

Kommt es jedoch zu ärgerlichen, belastenden, bedrohlichen Begegnungen mit anderen, bildet sich im energetischen Feld eine Blockade. In dieser Blockade wird ein Teil der Energie, die mit diesem Ereignis verbunden ist, fixiert und abgespalten. Auch die mit dem Ereignis verbundenen Emotionen und Gefühle werden entsprechend gespeichert. Durch die Abkapselung des Ereignisses mit den dazu gehörigen Gefühlen blenden wir die Ereignisse aus und sind so in der Lage, unseren Alltag weiterhin zu bewältigen.

Im Laufe unseres Lebens gibt es ständig Ereignisse, die dazu führen, dass sich energetisch Blockaden bilden. Die Disharmonie zwischen zwei Energiefeldern reicht aus, um eine solche Blockade entstehen zu lassen. Wir werden bei jeder belastenden Situation zunächst an alte Erfahrungen – in der heilenergetischen Arbeit definiert als „Emotionen" – erinnert und verstärken aus diesem akuten Zustand heraus die Blockade. Manchmal reicht es aus, dass wir an der Kasse von der Kassiererin zur Schnecke gemacht werden, weil wir uns nicht richtig in die Reihe eingeordnet haben. Dann fühlen wir uns vielleicht ohnmächtig oder schämen uns und erinnern ein

Gefühl aus der Kindheit. Die Mutter hat uns als Kind vor den Verwandten vielleicht ähnlich bloßgestellt. Das aktuelle Gefühl dockt also an eine alte Emotion an. Oder der kritische Blick der Chefin am Morgen löst bei uns Unbehagen und Unsicherheit aus. Wir kennen das Gefühl sicherlich aus der Schulzeit, wenn wir zu spät kamen und die Lehrerin es entsprechend peinlich kommentierte – ein gegenwärtiges neues Gefühl zu einer ursprünglich alten Emotion! Oder wir werden rasend eifersüchtig, weil der Partner eine neue attraktive Arbeitskollegin hat. Vielleicht hatte der Papa unsere Schwester lieber, und wir erinnern in diesem Augenblick an die alte Emotion der Eifersucht. Das neue Gefühl kratzt daran, verstärkt jedoch am Ende die alte Blockade. Unsere ursprünglichen Themen werden auf diese Weise durch immer mehr Erfahrungen und Erlebnisse im Leben ständig verstärkt und manifestiert.

Auch wenn Blockaden zunächst, wie wir später noch sehen werden, eine schützende Funktion in unserem Leben haben, gehen sie mit negativ erlebten Gefühlen in unserem Alltag einher. Wird aus unserem Schwingungskörper Energie abgespalten und als Blockade abgekapselt, steht uns diese Lebensenergie nicht mehr zur bewussten Gestaltung unseres Lebens zur Verfügung. Auch kann jede Art von Blockade den Bauplan für ein Symptom auf der physischen Ebene darstellen. Blockaden führen letztendlich zu vielen störenden Erscheinungen im Leben, was wir gern mit „Bei mir läuft es im Moment nicht so gut!" beschreiben.

Im Laufe unseres Lebens sammeln sich eine Menge Blockaden im Energiefeld und unsere verbleibende Lebenskraft schwindet dementsprechend. Im Folgenden soll anhand einiger Beispiele gezeigt werden, welche direkten Auswirkungen ein geschwächtes Energiefeld im Alltag haben kann.

Schwache Energiefelder
→ Wir fühlen uns körperlich schwach, ausgelaugt oder müde.
→ Wir haben den Eindruck, dass die Welt gegen uns ist.
→ Wir haben Stress mit dem Partner.
→ Wir haben Probleme bei der Arbeit.
→ Wir werden krank – körperlich und/oder emotional.
→ Wir können uns nicht entscheiden.
→ Wir sehen keine Perspektive.

- Wir sind einsam.
- Wir haben keine Freude mehr am Leben.
- Wir fühlen uns als Opfer.

Vor dem Hintergrund des energetischen Menschenbildes werden Probleme und Konflikte im Leben immer als ungelöste Blockaden im eigenen energetischen Feld begriffen, die sich auf materieller Ebene in Form von Symptomen in unserem Körper oder unseren Lebensumständen manifestieren. Wenn wir uns mit den Blockaden auseinandersetzen und ihre Herkunft und Ursachen verstehen, können wir sie auch auflösen. Damit erhöhen wir sofort und automatisch unsere Lebenskraft und gewinnen merklich an Lebensfreude. Auf diese Weise arbeiten wir an unserem Lebensbauplan und an unserer eigenen Realität und infolgedessen werden sich die körperlichen oder anderen störenden Erscheinungen im Alltag verändern – die Symptome verschwinden!

Wie Gefühle entstehen

Immer wieder habe ich nun beschrieben, wie wichtig die Gefühle im Zusammenhang mit unserem Energiefeld und – daraus folgend – für unsere Lebensgestaltung sind. Von daher ist es ein sinnvolles Ziel, eine ganz neue Gefühlskultur zu entwickeln, die darauf ausgerichtet ist, die eigenen Gefühle und Emotionen zu erkennen und als maßgeblichen Wegweiser im Leben zu nutzen. Statt sie nur – wie beispielsweise im Buddhismus – als Folge eines Gedankens zu begreifen, verstehe ich Gefühle (Gegenwart) und Emotionen (Vergangenheit) als eine wesentliche Grundlage des Lebens und als Bindeglied zwischen unserem Umfeld und uns selbst. Erst unsere Gefühle ermöglichen es uns, auf unsere Umgebung zu reagieren und Beziehungen zu unseren Mitmenschen aufzubauen.

Bislang ist für die meisten Menschen der bewusste Umgang mit den eigenen Gefühlen nur eingeschränkt möglich, da die Rationalisierung und Intellektualisierung in unserer gegenwärtigen Kultur immer mehr zur systematischen Verdrängung bzw. Abspaltung von Gefühlen führt. In unserer Kindheit durchlaufen wir jedoch zuerst eine frühkindliche Entwicklungsphase, in der wir ausschließlich fühlen und erst nach und nach überhaupt Gedanken und noch später die sprachliche Fähigkeit ausbilden. Zwar werden Wechsel zwischen Gefühlen und den darauffolgenden Gedanken immer schneller, sodass wir sogar glauben, wir könnten denken, ohne zu fühlen, bzw. sogar zuerst denken und dann fühlen, aber je abstrakter unsere Gedankentätigkeit wird, umso weniger ist die emotionale Ebene daran gekoppelt. In den meisten Lebenssituationen ist es so, dass zunächst ein Gefühl angeregt wird und dann der Gedanke folgt – millisekundenschnell, aber in genau dieser Reihenfolge!

Stell dir kurz vor, du hättest Hunger (ein Gefühl). Daraufhin kommst du erst auf die Idee, etwas zu essen und Essen zu besorgen. Genauso ist dies bei fast allen vermeintlich kopfgesteuerten Handlungen. Erst kommt ein Gefühl, dann folgt das Tun! Diese Tatsache ist für die energetische Bearbeitung von Themen sehr wichtig, denn aus der energetischen Sicht liegt eine Blockade – das heißt: eine Störung in deinem Leben – immer zunächst auf der Ebene deiner Gefühle vor.

Meine Klienten berichten oft, dass sie im Alltag wenige Möglichkeiten finden, ihren Gefühlen Ausdruck zu verleihen und authentisch zu handeln. Stattdessen bestimmen vor allem gute Erziehung, Etikette, Moral und Rollenbilder ihr Leben. Dies ist bedauerlich, da wir ohne die bewusste Einbeziehung unserer eigenen Gefühle und Emotionen unser Leben nicht gemäß unserer Persönlichkeit ausrichten können und deshalb meist weit hinter unserem eigentlichen seelischen Potenzial zurückbleiben. Bei der Lösung von Problemen gehen wir dementsprechend zuerst rational – also gedankengesteuert – vor, und viele der bekannten Methoden, beispielsweise aus der Psychotherapie, sind oft zu „verkopft", um den Betroffenen wirklich praktisch auf dem persönlichen Heilungsweg zu begleiten oder wirklich wirksame Konfliktlösungen zu entwickeln. Trotz zahlreicher Strategien, die wir im Rahmen von Therapien und Kuren erlernen können, um mit einer belasteten Situation besser umzugehen, erleben wir eine Aufarbeitung der Lebensumstände oft als zu oberflächlich. Nach wie vor plagen uns dann die negativen Gefühle sowie die Frustration, wenn sich an der aktuellen Situation nichts zu ändern scheint, wie Klara es z. B. ausdrückt: „Egal, wie ich es drehe und wende, es tut mir einfach weh, dass ich keinen Partner habe." Das hat jedoch nur damit zu tun, dass versucht wird, Lösungen auf dem Weg der gedanklichen Klärung zu finden, während die

Gefühle außen vor bleiben und darüber hinaus in ihren Auswirkungen und Effekten unterschätzt werden.

In meiner Arbeit ist es mir daher ein besonderes Anliegen, den Menschen einen Weg zu beschreiben, zuallererst Zugang zu ihren Gefühlen zu finden und sie sozusagen wiederzuentdecken – als wertvolle Wegweiser zu ihrem individuellen Potenzial. Denn es sind die Gefühle und Emotionen, die den zentralen Schlüssel zum Verständnis und zur Klärung ihrer aktuellen Situation und damit zur Problemlösung darstellen. Mein Ziel ist dabei, gemeinsam mit den Klienten daran zu arbeiten, komplexe Gefühle und damit verbundene Beziehungssysteme freizulegen, um auf diese Weise ihre Blockaden im energetischen Feld zu erkennen und dann zu lösen.

Ein erster Schritt besteht darin, die Grenzen der natürlichen Wahrnehmung zu erkennen und diese im zweiten Schritt mithilfe der Sinnanalyse zu erweitern.

Grenzen der Wahrnehmung

Lange haben wir Menschen geglaubt, dass es eine objektive Realität gibt, die wir mit unseren fünf Sinnen wahrnehmen können, beispielsweise den Apfel, den wir sehen, ertasten und riechen, schmecken und sogar beim Hineinbeißen hören können. Wie kurzsichtig diese Perspektive ist, verdeutlicht uns bereits ein kleines Tier: die Zecke. Sie würde den Apfel gar nicht beachten, da sie bis auf Wärme und Kälte nur den Geruch von Milchsäure, welche beim Schwitzen eines Lebewesens austritt, wahrnehmen kann. Dies reicht ihr nämlich, um Beutetiere ausfindig zu machen, und keiner würde es der Zecke daher übelnehmen, wenn sie behaupten würde: „Es gibt keine Äpfel." Aus unserer Perspektive ist der Apfel jedenfalls definitiv existent.

Beispiele
→ Wie bunt die Welt wohl aus der Sicht des **Fangschneckenkrebses** sein muss, schließlich nimmt dieser neben den uns bekannten Regenbogenfarben zudem auch ultraviolette Strahlen, polarisiertes Licht oder auch Infrarot wahr – Lichtnuancen, die mit unserem menschlichen Auge nicht

mehr erfassbar sind. Jedes seiner beiden Augen ist mit über 10.000 Einzelaugen ausgestattet. Der Fangschreckenkrebs kann zudem seine Augen nicht nur unabhängig voneinander bewegen, sondern auch über das Senden und Empfangen von Lichtmustern seine Artgenossen vor Feinden warnen oder seine Paarungsbereitschaft signalisieren.

→ Die **Fledermaus** ist mit einem ausgeklügelten Sinnessystem ausgestattet, um ihr Überleben zu sichern: Um ihre Beute aufzuspüren, verwendet sie Ultraschallimpulse, an deren Länge der Echofrequenzen sie nicht nur Hindernisse in der Dunkelheit erkennen kann, sondern auch die Baumsorte, die sie in der Dunkelheit anpeilt. Auf diese Weise kann sie abzuschätzen, welche Beutetiere oder auch welche Nektarquellen sich in ihrer Nähe befinden.

→ Sogenannte **„elektrische Fische"** oder Zitterfische sind mit besonders dafür ausgebildeten Organen in der Lage, elektrische Ladungen zu erzeugen. Diese Ladungen ermöglichen es ihnen, einerseits mit anderen Artgenossen zu kommunizieren und andererseits andere Lebewesen oder Objekte zu erkennen oder zielgerichtet aufzusuchen. Fische mit einer starken elektrischen Entladung, wie beispielsweise der afrikanische Zitterwels, können damit sogar ihre Beute oder Angreifer lähmen.

→ Und letztlich kann eine **Fliege** aufgrund ihrer speziellen Facettenaugen Hunderte von Bildern pro Sekunde empfangen, ihre Umgebung wie in Zeitlupe scannen und auf diese Weise rechtzeitig Gefahren ausweichen.

Diese Beispiele aus dem Tierreich zeigen, dass andere Lebewesen im Vergleich mit dem Menschen mitunter eine gänzlich andere sinnliche Wahrnehmung und damit auch eine andere Wirklichkeit haben. Sie erkennen beispielsweise Farben, die uns vollkommen unbekannt sind. Sie verfügen über ein völlig anderes Geschwindigkeits- und Zeitempfinden. Sie besitzen Orientierungssysteme, die jede noch so hochentwickelte digitale Navigationsmöglichkeit des Menschen in den Schatten stellen. Damit wird auch deutlich, dass wir Menschen bei Weitem nicht die gesamte Realität, sondern vielmehr nur unseren sehr eingeschränkten und individuellen „Wahrheitsausschnitt" in der komplexen Wirklichkeit wahrnehmen.

Wie komplex unsere menschliche Wahrnehmung tatsächlich ist, können wir am Beispiel des Apfels nachvollziehen: Allein durch unsere Augen treffen über die Sehzellen zehn Millionen Bits pro Sekunde(!) ein. Über verschiedene Mechanismen, u. a. in der Sehnervenkreuzung sowie im Frontalhirn, werden diese vielen Informationen gefiltert, komprimiert und weiterverarbeitet, bis schließlich ein übersichtlicher Bruchteil von Realitätsaspekten (ca. 100 Bits pro Sekunde) tatsächlich in unser Bewusstsein gelangt und ein Bild des Apfels erzeugt.

Damit wir den Apfel wahrnehmen und als solchen erkennen können, braucht es aber gleichermaßen auch unsere innere Welt, bestehend aus Gedanken, Gefühlen, Einstellungen und Erfahrungen. Der amerikanische Psychologe Richard Nisbett legte 2003 in seinem Buch „The Georgraphy of Thought" beispielsweise dar, dass Wahrnehmen und Denken Prozesse sind, die maßgeblich von den sozialen Strukturen der jeweiligen Person, von ihrem Bildungsstand, aber vor allem von dem vorherrschenden Weltbild ihrer Umgebung abhängen. Werden nun elektrische Impulse (Bits) an unser Gehirn weitergeleitet, läuft anschließend in unserem Gehirn eine Art Scan unserer persönlichen „Datenbank" ab. Hierbei vergleicht unser Gehirn die neue Information mit der uns bereits zur Verfügung stehenden inneren Information „Apfel". Fehlen Informationen, um den Apfel auch tatsächlich erkennen zu können, bedient sich unser Gehirn sogar eines Tricks und ergänzt die Lücken: Kann unser Gehirn ein bestimmtes Objekt nicht auf Anhieb zuordnen, greift es auf ein ähnliches Bild bzw. eine vergangene Erfahrung zurück, um ein vollständiges Bild zu erzeugen. So können wir den Apfel als Apfel erkennen, weil wir schon mal einen anderen Apfel gesehen haben und somit wissen, wie er sich anfühlt, wie er riecht und wie er schmeckt – auch wenn wir explizit diesen Apfel, der sich direkt vor uns befindet, noch nie gesehen, in die Hand genommen oder gekostet haben.

Unsere Wahrnehmung ist ein lebenslanger schöpferischer und subjektiver Prozess, der sowohl von unseren biologischen Voraussetzungen als auch von unseren Erfahrungen und Prägungen bestimmt wird!

Persönlicher Wahrheitsausschnitt

Die Wahrnehmungspsychologie lehrt uns, dass das „Ding an sich", also die absolute Realität – wie es der Philosoph Immanuel Kant einst formulierte – für den Menschen nicht zugänglich sei. Im Alltag ist diese verkürzte Darstellung der Realität in unserem Gehirn grundsätzlich hilfreich, denn sie vermittelt uns den Eindruck von Übersichtlichkeit und gestattet uns, dass wir uns souverän in der Welt bewegen können. Auf der anderen Seite führt unsere natürliche Beschränkung der Wahrnehmung der Welt aber auch dazu, dass wir sämtliche Phänomene des Alltags, wie Beziehungen, Sorgen, Ängste und Nöte, nur vor dem Hintergrund unseres subjektiven Wahrheitsausschnittes erkennen können. Könnten wir diesen jedoch erweitern, stünde uns ein viel umfassenderes Repertoire sowohl zum Verständnis unseres Problems als auch zum Finden von Lösungsmöglichkeiten zur Verfügung.

Eine effektive Methode, um diesen Wahrheitsausschnitt zu diesem Zweck zu erweitern, stellt die Sinnanalytische Aufstellung dar.

> Wir alle sind Wesen aus Materie und Energie, das heißt auch, dass alles mit allem direkt verbunden ist und unmittelbar zusammenhängt!

Grundlagen
→ Jeder Mensch hat eine Aura[3], in der das gesamte Leben mit allen Gefühlen und Erfahrungen gespeichert wird.
→ Alle Blockaden in der Aura schwächen uns und dienen uns als Wegweiser, um in die eigene Kraft zu kommen und das eigene Wesen zu entwickeln.

---

3) Als Energiekörper oder Aura eines Menschen wird in verschiedenen esoterischen Lehren eine Ausstrahlung bezeichnet, die für psychisch oder anderweitig entsprechend empfindsame („synästhetische" oder „sichtige") Menschen als Farbspektrum, das den Körper wolken- oder lichtkranzartig umgibt, wahrnehmbar sein soll. Nach Ansicht der meisten Vertreter der Energiekörperlehre besteht dieser aus mehreren Schichten, die eng mit den Chakren des Menschen verknüpft sind. (Wikipedia)

→ Die SAA macht – vereinfacht gesagt – das Unsichtbare sichtbar.
→ Die SAA ermöglicht den direkten Ausdruck des aktuellen Bewusstseinszustandes.
→ Die SAA kann in allen Lebensbereichen Anwendung finden.

Synchronizitäten verstehen

Die energetische Welt ist ein unendlicher Komplex von Schwingungsebenen und wir können mit unserem aktuellen Verstand davon nur einen sehr kleinen Bruchteil wahrnehmen. Denn eigentlich ist alles „nur" Energie – in uns selbst, um uns herum und überall zwischen uns Menschen. Unser zurzeit existierendes Weltbild lässt uns nur einen sehr geringen Teil dieser Energie wahrnehmen: unseren Wahrheitsausschnitt! So, wie der elektrische Strom immer der gleiche ist und dennoch vom Haarföhn bis zur Raumstation die Dinge in Bewegung setzt, ist auch die subtile (feinstoffliche, ätherische) Energie in allem und als Grundlage für alles existent. Allein unser Bewusstsein entscheidet, was es wahrnehmen will und kann.

Diese Tatsache erklärt viele Phänomene, die mit einer rein materiellen Anschauung nicht greifbar werden und oft unter der Überschrift „Wunder" beschrieben werden – beispielsweise das Stattfinden von Synchronereignissen, welches in der Quantentheorie aufgegriffen wurde. Denken wir an den bekannten Versuch vom „hundertsten Affen": In wissenschaftlichen Versuchen (1952-1958) zeigte eine getrennt gehaltene Affenpopulation neue sinnvolle Verhaltensweisen. Nachdem eine größere Anzahl – hier etwa 100 Affen – dieses Verhalten innerhalb der Population übernommen hatte, konnte diese Verhaltensweise – hier das Waschen von Nahrung oder das Bedienen von Futterapparaten mittels Stöcken – auch bei räumlich entfernten Affengruppen festgestellt werden, ohne dass ein direkter Kontakt oder eine „Kommunikation" stattgefunden hatte. Es wurden also auf einer anderen Übertragungsebene Informationen (ohne zeitliche Verzögerung) weitergegeben.

Diesem Phänomen ähnlich ist die Wirkung bei Sinnanalytischen Aufstellungen und das lässt sich zur persönlichen Weiterentwicklung nutzen. Noch einmal: Alles ist untrennbar mit allem verbunden und ohne eine zeitliche

Definition existent – es gibt also nur den Augenblick. Wir betreten bei einer SAA eine Bewusstseinsebene, die dem wissenschaftlichen Verstand aufgrund seiner Einschränkungen durch das Denken in Raum und Zeit als aktuelle Möglichkeit verschlossen bleibt. Eine SAA bildet demnach eine sinnvolle Voraussetzung, um der Aussage „Alles ist eins" endlich eine Wirklichkeit zu geben.

Bei einer SAA zeigt sich das alles verbindende (geistige) Feld deutlich, wenn stellvertretend aufgestellte Personen Zusammenhänge und Ereignisse wissen und fühlen, von denen sie rein informell nichts wissen können, während dieses Wissen und Fühlen auch meist zeitlich und räumlich nicht in einem aktuellen logischen Zusammenhang steht. So kann in einer SAA beispielsweise ein Großvater aus Amerika (durch Stellvertreter) einer im Krieg verstorbenen Tante aus Deutschland (durch Stellvertreter) gegenüberstehen, und die beiden Personen haben eine gemeinsame Gefühlsthematik, ohne dass sie sich jemals persönlich gekannt haben. Die Verbindung kann dabei sogar derart differenziert wahrgenommen werden, dass genaue Sätze oder Stimmlagen übernommen werden, sobald der Stellvertreter seine Position innehat. Dies gilt selbst dann, wenn die entsprechenden Personen auch dem Aufstellenden selbst nur durch Beschreibungen bekannt sind.

Man kann sein Leben immer nur vorwärts leben, aber nur rückwärts verstehen.

Nichts im Leben geschieht sinnlos oder ohne tieferen Zusammenhang. Wir haben es tagtäglich mit den Auswirkungen unserer Vergangenheit zu tun. Besonders interessant sind Ereignisse, die in der Vergangenheit im Verborgenen gehalten wurden, aber dennoch Effekte im gegenwärtigen Leben haben und Einfluss auf uns nehmen, ohne dass wir davon wissen können. Wenn solche Ereignisse in einer SAA zum Vorschein kommen, kann dies bei der aufstellenden Person zu einer spontanen Entspannung ihrer aktuell belasteten Situation führen – wiederum ein Phänomen, das nur auf der Grundlage des beschriebenen holistischen Weltbildes verständlich werden kann.

Stell dir vor, du hast eine Allergie gegen Gemüse. Bei einer SAA wird deutlich, dass diese Erkrankung mit einem Erlebnis in deiner Kindheit zu tun hat, bei dem deine Mutter mit dir geschimpft hat, weil du kein Gemüse essen wolltest. In der Aufstellung wird diese Blockade gelöst, wobei es sich um verschiedene Aspekte handeln kann, die in deinem Feld abgespeichert worden sind: Wut, Frustration, Traurigkeit oder Ohnmacht beispielsweise. Nach einem dementsprechend geführten Prozess in der Aufstellung kann deine Erkrankung sich auflösen. Warum? Weil du in dem Symptom (die Allergie) die ursprüngliche Verletzung (Beschimpfung) erkannt hast. Das Symptom ist sozusagen nicht mehr „nötig", um dich daran zu erinnern, und verschwindet.

Die Wirkung, die du nach einer Sinnanalytischen Aufstellung spürst, ist die Folge einer Veränderung der Realität. Dies dürfte nach dem gängigen Weltbild nicht funktionieren, tut es aber, weil unsere Welt vieldimensionaler ist, als uns unser Gehirn glauben lässt. Aufstellungen sind eine bereits sehr lang erprobte Möglichkeit, eigene Lebensthematiken aus der Distanz zu verstehen und mit einfachen Mitteln zum Guten zu wenden. In den meisten Darstellungen und Erklärungsmodellen wird mit vagen Umschreibungen und vorsichtigen Erläuterungen versucht, das buchstäblich unglaubliche Phänomen des „Funktionierens" von Aufstellungen verständlich zu machen. Ohne das energetische Menschenbild als Basis bleiben jedoch alle Effekte ein Mysterium und die Erklärungsversuche ein Fischen in sehr trübem Wasser. Betrachten wir es unter dem Aspekt eines energetischen Menschenbildes, können wir nicht nur den Ablauf einer Aufstellung verstehen, sondern wir erkennen auch sofort den vielschichtigen Zusammenhang aller Lebensgeschehnisse und können für unseren eigenen Alltag wichtige Schlüsse daraus ziehen. Dabei ist es noch nicht einmal wichtig, ob wir selbst der Aufstellende sind oder als Statist (Zuschauer) bzw. Stellvertreter teilnehmen. Wir finden uns immer auf die eine oder andere Weise im Geschehen wieder und sind sogar Teil des Geschehens.

Die in diesem Buch beschriebene Aufstellungsart der SAA erklärt den energetischen Zusammenhang und Hintergrund jeder Art von Aufstellungen.

Aufstellungen und ihre Auswirkungen können nur aufgrund der Tatsache der energetischen Zusammenhänge funktionieren und nach entsprechenden energetischen Gesetzmäßigkeiten ablaufen. Dem Hellsichtigen liegen diese Verbindungen sichtbar offen und für jeden anderen Menschen werden sie spätestens in dem geführten Prozess der Aufstellung offensichtlich.

Zugrunde liegen in jedem Fall energetische Zusammenhänge, die wir anerkennen und in unser Leben kreativ einfließen lassen können. Diese Art der Lebensbetrachtung wird für uns unabdingbar – und in Zukunft immer wichtiger zur eigenen Lebensorientierung. Es ist übrigens interessant, dass alles im Leben nach denselben energetischen Zusammenhängen verläuft; aus diesem Grund gibt es bei den aufzustellenden Themenbereichen keinerlei Prämissen. Wenn wir erst verstanden haben, dass sich unsere jetzige Realität durch eine Erkenntnis über unsere Vergangenheit verändern kann, ist es gleichgültig, welchen Lebensbereich dies betrifft.

> Sinnanalytische Aufstellungen sind Teil der Heilenergetiker-Philosophie, die einen umfassenden Hintergrund aller Lebensabläufe vermittelt.

Wenn du die energetischen Grundlagen des Lebens verstehst, kannst du sie überall in deinen täglichen Lebensabläufen entdecken. Diese Grundlagen sind wie Spielregeln und sie gelten natürlich im privaten wie im öffentlichen Bereich, in der Schule genauso wie im Beruf, in der Wirtschaft genauso wie in der Politik. Wenn du diese Grundregeln verstanden hast, wirst du aktiv und handlungsfähig und bist nicht länger ein Opfer von Umständen und Abläufen, die du bisher für zufällig und unveränderbar gehalten hast.

Beispiele für Themen und Situationen
→ Wie fühlen sich die Mitarbeiter in einem Büro?
→ Welcher geschichtliche Einfluss ist für die heutige politische Situation verantwortlich?

→ Warum hat ein Turnierpferd den sicheren Sieg verpasst?
→ Warum erleben wir jetzt eine bestimmte Situation in unserem Leben?
→ Warum tritt gerade eine bestimmte Krankheit auf?
→ Welche Schule passt für mein Kind?

Da alles, was es gibt, immer in einem energetischen Zusammenspiel mit allem existiert, ist auch alles, was wir denken können, in einer SAA darstellbar, erkennbar und veränderbar. Letzten Endes geht es in dieser Arbeit darum, den Schritt von der Dualität[4] zur sogenannten Einheit zu vollziehen. Sobald wir in diesen Prozess eintreten, begegnen wir unserem wahren Selbst, das jenseits von Raum und Zeit seinen Ursprung hat, und kommen durch diese Bewegung innerlich zur Ruhe.

Erinnere dich an das Beispiel des elektrischen Stroms: Er betreibt die verschiedensten elektrischen Geräte auf der Grundlage von Fließen und Nicht-Fließen. Ebenso kannst du dein Leben betrachten: Deine Lebensenergie kann schwingen oder blockiert sein. Ob sich eine Blockade in der Firma bei deinem Kollegen bemerkbar macht, der dich mobbt, oder aber in deinem Körper auftaucht in Form einer Erkrankung – jeder Schmerz und jedes Scheitern ist auf dieselben Abläufe auf der energetischen Ebene zurückzuführen.

Wie sich Persönlichkeit entwickelt

Die Fähigkeit zu fühlen, begleitet schon unsere Entwicklung im Mutterleib: Lange bevor sich unsere körperlichen Sinne entwickeln oder wir gar denken oder sprechen können, erleben wir bereits Gefühle – oder besser gesagt: die Gefühle unserer Mutter und unseres Vaters. Bei der Zeugung „entsteht" unsere Seele bereits in einem energetischen Feld, das nicht nur unsere eigenen seelischen Muster enthält, sondern auch die vielschichtigen Informationen aus der Ahnenreihe unseres Vaters und unserer Mutter so-

---

4) Das Wort Dualität stammt dabei aus dem Lateinischen (dualis) und bedeutet wortwörtlich „Zweiheit" oder „zwei enthaltend". Im Grunde genommen ist daher mit der Dualität eine Welt gemeint, die wiederum in zwei Pole (Duale) unterteilt wird (heiß/kalt; Mann/Frau; Liebe/Hass; männlich/weiblich; Seele/Ego; gut/böse; usw.).

wie deren persönlich erfahrenen Emotionsmuster. Während der Schwangerschaft ist unser Energiefeld in einer Einheit mit dem Energiefeld der Mutter. Erlebt unsere Mutter während der Schwangerschaft Freude und Harmonie, können wir diese ungefiltert und gleichermaßen im Bauch miterleben. Ist unsere Mutter dagegen in einer Situation, die sie traurig macht oder in Stress versetzt, reagieren wir in ihrem Bauch sehr wahrscheinlich mit Unruhe und hektischen Bewegungen.

Manchmal stimmen die Energiefelder von Mutter und Kind nicht ursprünglich harmonisch überein, dann klagt die Mutter beispielsweise über Übelkeit oder die kleine Seele zieht sich in sich zurück. Aus energetischer Sicht ist jedoch das Energiefeld der Mutter und das des Neugeborenen deckungsgleich bzw. miteinander in Einklang. So ist nicht nur – wie jedem bekannt – der Hormonhaushalt der Mutter bestimmend für das kleine Kind, sondern auch ihr Energiefeld mit allen Strukturen, die zu 100 Prozent vom Kind erlebt und übernommen werden. Alle Erfahrungen, Gefühle, Erlebnisse und Blockaden der Mutter erleben wir als Kind also als „unsere eigenen". Diese intensive energetische Verbindung bildet die Grundlage unseres Bewusstseins und auch unseres ursprünglichen Vertrauens. Wir tragen sie ein Leben lang gespeichert in uns.

Nach der körperlichen Geburt trennt sich das Feld der Mutter vom Feld des Kindes erst nach und nach. Die große Nähe von Mutter und Säugling in den ersten Lebensmonaten ist ein wesentlicher Bestandteil ihrer Beziehung, um das gesunde Urvertrauen im Kind zu erhalten. Über die subtilen Schwingungen nimmt die Mutter ihr Kind wahr und reagiert auf dessen Bedürfnisse. In meiner täglichen Arbeit begegne ich vielen Menschen, die aus den verschiedensten Gründen direkt nach der Geburt von ihrer Mutter getrennt wurden. Einheitlich zeichnen sich diese Menschen durch ein stark gestörtes und beeinträchtigtes Urvertrauen aus. Sie leiden oft an Ängsten, können kaum Nähe zulassen oder sich nicht leicht auf andere Menschen einlassen und keine haltbare liebevolle Beziehung aufbauen. Dabei ist es ganz gleich, wie gut oder mangelhaft nach der Trennung von der Mutter die Betreuung durch eine andere Person gewesen ist; die innige Beziehung und die wichtige energetische Grundlage für Vertrauen in der Symbiose mit der Mutter als Lebensbasis fehlt.

Erst im Laufe der ersten Lebensjahre lernt das Kind, ohne die enge Bindung an das Energiefeld der Mutter auszukommen. Die wohlwollenden und vertrauensvollen Gefühle der Mutter zum Kind unterstützen diesen Prozess, der neben der beginnenden Trennung in erster Linie ein Wachstums- und Reifeprozess ist. Ohne dass Sprache oder eine differenzierte Form von Kommunikation möglich ist, sind Mutter und Kind über Gefühle miteinander in Kontakt und tragen den emotionalen Bedürfnissen des Kindes nach Schutz, Liebe, Sicherheit und Geborgenheit Rechnung. Hier entwickelt sich sozusagen die stabile und solide Grundausstattung, der emotionale Boden, auf dem das Pflänzchen „Mensch" gut gedeihen kann.

Immer wieder kommen Menschen in meine Beratungen, die als Säugling adoptiert worden oder in Pflegefamilien aufgewachsen sind. Die Adoptiv- bzw. Pflegeeltern sind immer höchst motiviert, den Kindern alles zu geben und ihnen ein sicheres Nest zu bieten. Dennoch hat bei all diesen Menschen die energetische Blockade des „Nicht-Gewollt-Seins" von Beginn ihres Lebens an zu schwerwiegenden Effekten geführt, die durch noch so viele materielle Güter und Wohlstand nicht verhindert werden konnten. Oftmals werden schon in einer einzigen SAA sehr entspannende Lösungen für alle Beteiligten erreicht, wenn die ursprüngliche Sehnsucht, die eigenen Wurzeln zu erkennen und die Zusammenhänge des Mangelgefühls zu verstehen, befriedigt werden kann.

Individuelle Gefühle

Jeder Mensch erlernt sein absolut individuelles Schema an Emotionen und Reaktionen gegenüber seiner Umgebung in seiner Kindheit und erschafft damit weiter die Basis für sein gesamtes Leben. Wie bereits erwähnt, werden Erfahrungen, die uns in unserer Kindheit gefühlsmäßig geprägt haben, als Strukturen in der Aura fixiert und in der heilenergetischen Arbeit als „Emotionen" bezeichnet. Gefühle dagegen drücken das aus, was uns im aktuellen Moment bewegt. Wenn wir jetzt gerade, in diesem Augenblick, etwas fühlen, greifen wir unbewusst sofort auf die gespeicherten Emotionen aus der Vergangenheit zurück. Egal, was wir tun, wie wir leben und wer wir sind, unsere Emotionen und Gefühle sind individuell und nur für uns persönlich so erlebbar. Sie gehören zu unserer eigenen, jederzeit von uns selbst geschaffenen Realität. Niemand anderes kann so fühlen wie wir, zumindest können wir es nicht nachmessen oder irgendwie abwiegen. Denn selbst wenn es in wissenschaftlichen Untersuchungen Messungen zu Hirnströmungen und Hormonausschüttungen bei der Aktivierung bestimmter Gefühle gibt: Wie genau sich ein bestimmtes Gefühl „in mir" anfühlt, ist nicht messbar! Gefühle sind nicht zu vergleichen; sie machen jeden Menschen zu dem Individuum, das er in diesem Augenblick ist.

Gedanken sind durch Sprache und Schrift definiert. Wir können vom Aufbau eines Begriffs, in Bezug auf die Zusammenstellung seiner Konsonanten und Vokale zwar dieselben Worte denken, schreiben und aussprechen wie unser Nachbar, aber der gefühlsmäßige Bezug, der sich mit jedem dieser Worte für uns ergibt, ist individuell und von einem anderen Menschen nicht exakt nachfühlbar.

Stelle dir bitte vor: Du siehst etwas in der Farbe Grün und ich sehe dasselbe. Wir beide sehen etwas Grünes, können dessen Farbe identisch beschreiben und das Wort „grün" aufschreiben. Du kannst es jetzt gerade lesen, aber ich weiß nicht, ob es für dich in deinem Inneren genauso aussieht wie für mich. Und ich weiß schon gar nicht, was du bei der Farbe „Grün" fühlst. Vielleicht heißt „Grün" für dich zuerst „Frühling, Blätter, Wiese" und „Sommerferien", während es für mich „Gurke, Tante Ankes altes Kleid, das so muffelte" oder „Umschlag vom Mathebuch in der Schule" bedeutet. Vielleicht geht bei dir vor Freude der Puls hoch, während ich Magenschmerzen bekomme.

So sind die Gefühle zu Wörtern und Gedanken bei jedem Menschen anders – je nachdem, wie unsere individuellen Erfahrungen damit aussehen, und je nachdem, welche Emotionen der Vergangenheit wir damit verbinden. Wir haben in jedem Augenblick Assoziationen zu allem, was wir erleben, und wir bündeln diese zu unserem persönlichen Gesamtempfinden unseres Lebens und der Welt. Unsere gesamte Sprache bekommt auf diese Weise für jeden Menschen einen einzigartigen individuellen Ausdruck und je individueller die Sprache sich für den Einzelnen entwickelt, umso weniger können wir uns gegenseitig exakt verstehen. Wir verstehen nämlich immer nur das, was wir selbst schon einmal gefühlt haben, das heißt, wozu wir eine innere Referenz haben.

In der kindlichen Entwicklung bildet sich allmählich die Sprache aus und darin finden wir auch die Ursache für die immense Bedeutung, die unserer Muttersprache zukommt. An die Worte sind individuelle Emotionen gekoppelt, die uns im weiteren Lauf des Lebens nie wieder so prägen wie in unserer frühen Kindheit und die uns lebenslang als emotionale Basis dienen.

Unabhängig davon, dass wir niemals die einzigartigen Empfindungen eines anderen genau nachempfinden können, bekommen wir doch in einem Gespräch auch sein ganzes emotionales Energie- und Strukturgefüge serviert, anstatt nur seine abstrakten Worte zu hören. Wir „fühlen" diesen Menschen mit all seinen Regungen und seinen schwingenden oder auch blockierten Energien. Den echten individuellen Eindruck von einem Menschen bekommen wir erst durch all das, was zwischen seinen Gedanken und Worten gespeichert ist.

Anders ausgedrückt: Den Eindruck von einem Menschen, mit dem wir sprechen, bekommen wir durch die Emotionen, die energetisch schwingend an seine Person und seine Sprache geknüpft sind. Wie oft haben wir uns schon über eine synthetische Stimme oder eine aufgezeichnete Antwort in einer Telefon-Hotline geärgert, die uns emotionslos in der Warteschleife hält? Dagegen ist uns unser Navigationsgerät sofort sympathisch, weil George Clooney oder ein anderer Promi uns die Richtung weist, denn da hängt ganz schön viel Gefühl dran!

Stell dir vor, du bekommst eine SMS von einem engen Freund. Du liest immer den Unterton mit, denn die Worte sind nur einfache Symbole auf einem Display und das Gefühl dazu entsteht in dir selbst, weil du den Freund kennst und mehr mit ihm verbindest als nur die Buchstaben seiner Nachricht. Du liest die SMS aus deinen Erfahrungen und deinen alten Emotionen heraus.

Je nachdem, wie du von deiner Umgebung gelernt hast, auf Dinge und Umstände emotional zu reagieren, zieht sich ein individuelles Muster durch dein Leben. Alles, was dir begegnet, speicherst du mit den entsprechenden Gefühlen ab und schaffst dir so eine einzigartige innere Welt der Emotionen. Wenn du dir das klarmachst und bewusst damit umgehst, bist du nicht länger der Spielball deiner Gefühlswelt, sondern du kannst die Gefühle zum bewussten Lernen und zu deiner persönlichen Entwicklung nutzen. Du bekommst dadurch den elementaren Zugang zu deinem wirklichen Potenzial im Leben.

Emotionen sind wichtig!

Emotionen und Gefühle sind unser alltägliches Leben. Sie sind vollkommen wertfrei, nicht schlecht und nicht gut, jedoch unabdinglich zum Überleben! Sie dienen der Orientierung im Alltag und geben uns die Sicherheit, auf Bekanntes, schon Erlebtes und schon Gefühltes zurückgreifen zu können. Und natürlich sind Emotionen die Grundvoraussetzung für unsere Bewusstseinsentwicklung.

Müssten wir uns jeden Augenblick neu auf eine Situation einlassen und könnten nicht auf Bekanntes zurückgreifen, wäre uns die Welt in jedem Augenblick fremd. Wir würden andere Menschen nicht kennen und könnten auch per se nicht lernen, denn zu lernen, bedeutet, die Erfahrungen, die wir durch die Emotionen definiert haben, so zu verinnerlichen, dass wir in einer entsprechenden Situation unser Verhalten anpassen können.

Hast du dir schon einmal an einem heißen Herd die Finger verbrannt, dann weißt du in Zukunft, wie du Brandblasen verhinderst. Hättest du das Gefühl des Schmerzes nicht gefühlt und hätte dir nur jemand von einer heißen Herdplatte erzählt, hättest du nicht daraus lernen können. Hierbei ist es von großer Wichtigkeit gewesen, dass dein Körper die Verbrennung gefühlt hat und dass das Schmerzgefühl mit den reflektierenden Gedanken gemeinsam gespeichert wurde. Sicher würdest du gerne in Zukunft jedem Menschen diese schlimme Schmerzerfahrung ersparen, indem du alle warnst. So kann aber Entwicklung nicht stattfinden, denn jeder muss selbst fühlen und lernen dürfen, um körperliche Erfahrungen in Entwicklung zu verwandeln.

Es gehört zu den wichtigsten Erkenntnisprozessen des Lebens, zu begreifen, dass jeder Mensch seine eigenen Erfahrungen im Leben braucht, um sich entwickeln zu können. Den meisten Eltern fällt es aber besonders schwer , diese Einsicht praktisch umzusetzen. Ein Kind lernt erst durch das Bestehen von eigenen kleinen Katastrophen, den wirklich großen Katastrophen aus dem Weg zu gehen. Eltern, die ihre Kinder überbehüten, erreichen genau das Gegenteil von dem, was sie wollen. Sie wollen sie beschützen, aber sie schaffen im Kind Unsicherheit und Angst. Wenn die eigene Erfahrung fehlt, fehlt beispielsweise auch das Vertrauen in die eigene Kraft und insofern auch die Sicherheit. Wir sprechen dann von sogenannten „Helikopter-Eltern". Sie schweben quasi über ihren Kindern und verhindern so – zur Not mit Rechtsanwälten und unter Strafandrohung – die emotionale Entwicklung ihrer Kinder. Sie verhindern wertvolle Erfahrung.

Wenn wir bei einem Erlebnis, einer Begegnung, einem Bild oder einem Musikstück ein Gefühl in uns spüren, ist dies eine Erinnerung an eine Erfahrung aus der Vergangenheit, eine Emotion. Die meisten unserer Gefühle sind an solche bekannten, alten Emotionen geknüpft. Emotionen sind uns meist unbewusst und werden dann in uns aktiviert, wenn wir an deren Ursprungsereignis erinnert werden. Wenn wir etwas Neues fühlen wollen, können wir dies nur bewusst tun: Wir können uns für ein neues Gefühl nur bewusst entscheiden.

*Wir können uns jederzeit entscheiden,
unsere Emotionen der Vergangenheit zu verändern.*

Ein Beispiel: Hast du eine schlechte Erfahrung mit einem bestimmten Typ Mensch gemacht, kannst du dieses Gefühl bei einer neuen Begegnung mit ihm verändern. Du kannst dich entscheiden, bewusst offen und ohne Emotion auf den anderen zuzugehen. Wenn du das Verhalten deiner Freundin schon genervt erwartest, weil sie immer dieselben Storys erzählt, ändere einfach deine Haltung ihr gegenüber. Erwarte nicht, dass sie immer wieder das Gleiche erzählt, sondern höre ihr freundlich zu und achte auf jedes Wort. Du wirst sehen: Sie redet heute über etwas anderes!

Unser Energiefeld – die Aura – macht alle drei Sekunden eine energetische Aufnahme von unserer Lebenssituation und dabei werden auch alle Emotionen und Gefühle gespeichert. Unsere Aura ist ein riesiges Feld von Emotionen, auf die wir jederzeit zugreifen können. Wir haben uns eine Erfahrungswelt geschaffen, in die wir jede Begegnung und jede neue Erfahrung einsortieren können. Nach und nach entwickeln wir so ein Spektrum voller fester Vorstellungen – eine ganz individuelle Welt.

Grundlagen
→ Gefühle sind der aktuelle Augenblick.
→ Emotionen sind die Empfindungen und Erfahrungen unserer Vergangenheit.
→ Emotionen – und damit die Vergangenheit – werden durch Kommunikation angeregt, egal auf welcher Ebene.
→ Alle Emotionen sind Strukturen in der Aura.
→ Die Strukturen der Aura schaffen unsere individuelle Welt.
→ Du bist alles, was ist, und du bist mit allem verbunden.

Kategorien der Gefühle

Die Basisgefühle

Als Basisgefühle werden, heilenergetisch gesehen, die Gefühle bezeichnet, die unseren Körper in seinen Grundfunktionen am Leben halten und über die wir nicht bewusst nachdenken. Die Empfindungen von Hunger, Durst, Wärme, Kälte, Angst und Müdigkeit sind die Grundlagen, nach denen wir unseren Alltag ausrichten. Wir spüren diese Gefühle Zeit unseres Lebens und nehmen diese Empfindungen nicht mehr ausdrücklich als Gefühl wahr, weil wir sie sinnvollerweise – und meistens sehr unbewusst – fließend sofort in eine Handlung umsetzen. So steuern die Basisgefühle schnell und unkompliziert unsere direkten körperlichen Lebensabläufe.

Andere Gefühle, wie Vertrauen, Freude und Liebe, das Empfinden von Ruhe, Nähe, Zuneigung, Einheit oder Wohlbehagen, sorgen dafür, dass unsere Energie frei schwingen kann und nicht blockiert wird. Sie gehören ebenfalls in die Kategorie unserer Basisgefühle.

Die Basisgefühle gehören zu unserem Unbewussten. Ich spreche an dieser Stelle nicht von Unterbewusstsein sondern vom Unbewussten und meine damit, unbewusst zu sein im Sinne von „alles läuft von selbst". Die Gefühle des unbewussten Seins sind bedeutend für den reibungslosen Lebensablauf und verantwortlich für ein entspanntes Lebensgrundgefühl. Wenn wir als Kind früh gelernt haben, unseren Basisgefühlen zu vertrauen, haben wir uns damit ein dickes Polster an Vertrauen in das Leben geschaffen.

Bewusstsein

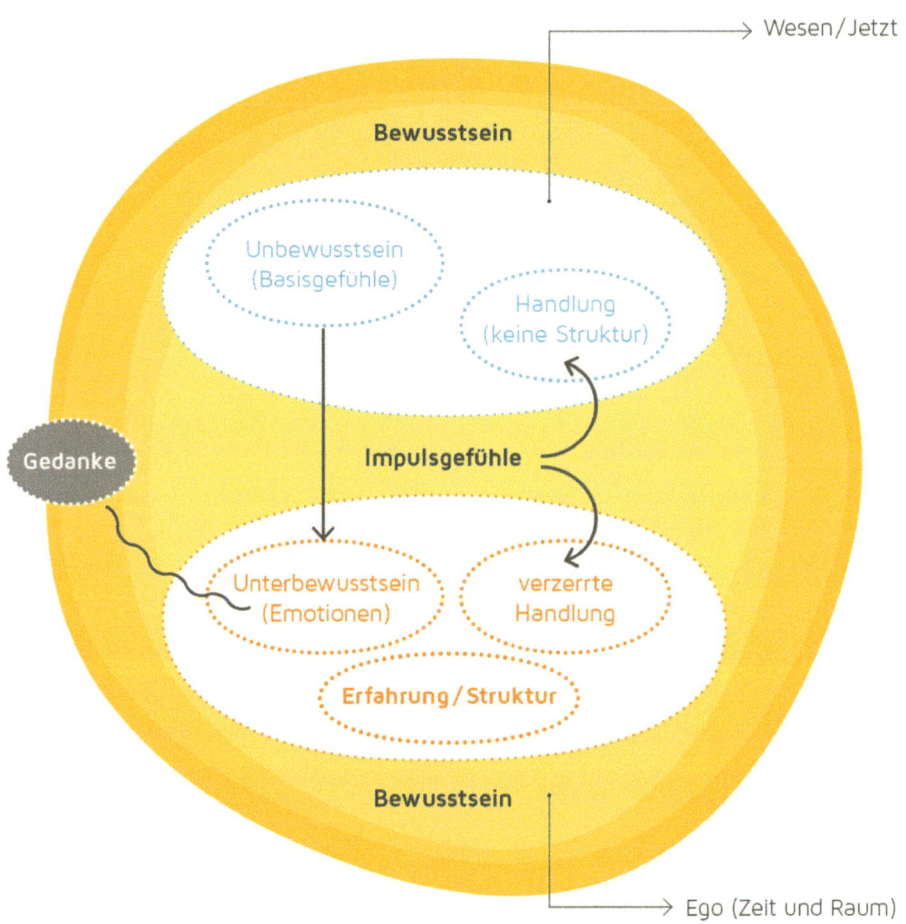

Im Unbewussten laufen auch die Funktionen des Körpers ab, in die wir nicht eingreifen können oder sollen. In diesen Bereich des unbewussten Seins gehören unter anderem das Atmen und die motorischen Körperfunktionen. Ebenfalls sind die Wahrnehmungen der Aura, die Abspeicherungen von Blockaden und Strukturen und die Interaktionen mit den Energiefeldern der Mitmenschen ein Teil dieser unbewussten Abläufe, deren materielle Steuerung über die Hormondrüsen stattfindet. Stell dir vor, die gesamte Organisation der Körperfunktionen würde in den Bereich deines Bewusstseins verlagert. Du könntest nichts anderes mehr zu tun, als beispielsweise die Funktionen deines Darms zu steuern und jeden einzelnen Atemzug zu aktivieren; du wärst in kurzer Zeit sicher nicht mehr lebensfähig.

Ein Bewusstsein für diese unbewussten komplikationslosen Abläufe entsteht erst dann, wenn es einen Widerstand oder eine Blockade auf der energetischen Ebene gibt: Der Körper macht dann durch ein Symptom auf eine Blockade aufmerksam. Eine dauerhafte Störung der unbewussten Abläufe stellt eine krankhafte Veränderung dar, woraufhin wir die unbewusst ablaufenden Vorgänge aktiv zu beobachten und wahrzunehmen beginnen.

Über unsere Basisgefühle nehmen wir den Körper und seinen Zustand permanent wahr und können und sollten – angeleitet von den Gefühlen – ihn so versorgen, dass es ihm gut geht und er ein gesundes und kraftvolles Vehikel für unsere Seele und unseren Geist sein kann.

Wann spüren wir unseren Körper bewusst, doch nur dann, wenn irgendwo ein Schmerz oder eine Auffälligkeit zutage tritt. Wann hast du dein Knie, deine Niere oder deine linke Schulter zum letzten Mal wahrgenommen? Als ein Schmerz, ein Druck oder ein Stechen auftrat, richtig? Erst wenn wir den auffällig gewordenen Körperteil bemerken, sind wir aufgerufen, bewusst einzugreifen. Wir können dann Belastungen abbauen, Wärme oder Kälte zuführen, einen Verband anbringen oder uns Rat und Hilfe von medizinischer Seite einholen.

Ein anderes Beispiel: Du fährst Auto; lenken, kuppeln, schalten, Gas geben, blinken, bremsen usw. – alle Abläufe geschehen unbewusst. Solange diese Abläufe ungestört vor sich gehen, läuft die Fahrt gut und gibt dir die Freiheit, mit deiner Beifahrerin zu reden, Radio zu hören und die entgegenkommenden Autos zu beobachten. Werden die unbewussten Abläufe gestört, musst du die notwendigen Maßnahmen bewusst vornehmen. Wenn du bei deiner täglichen Fahrt ins Büro ständig denken müsstest: „Jetzt muss ich schalten, jetzt muss ich bremsen, jetzt muss ich nach links abbiegen und mit dem linken Mittelfinger den Blinker nach unten drücken ...", würde das Fahren sehr mühsam sein und du könntest diese Konzentration nur über kurze Strecken aufrechterhalten.

Basisgefühle gehören ins Unbewusste. Sie sind als Grundlage für die Gesunderhaltung des Körpers zunächst nicht an unsere alltäglichen Gedanken gekoppelt. Erst im Laufe unserer kindlichen Entwicklung lernen wir, die Basisgefühle durch unsere Gedanken zu ergänzen und selbst aktiv zu werden, um die Bedürfnisse, die durch diese Gefühle angezeigt werden, zu befriedigen.

Was bedeutet das für die einzelnen Basisgefühle?
Müdigkeit zeigt uns an, dass der Körper seine Ressourcen aufgebraucht hat und Erholung durch Schlaf benötigt. Auch die Sinne wollen nicht weiter gefordert werden und brauchen eine Auszeit. Schlaf bedeutet: Das Energiefeld der Aura zieht sich aus dem physischen Körper zurück und die materielle Basis kann sich regenerieren.

Das Empfinden von Hunger ist ein körperlicher Ausdruck des Fehlens dringend benötigter Substanzen. Der Körper braucht ein gesundes Gleichgewicht von Baustoffen, um für die Aufgaben, die ihm gestellt werden, fit zu sein. Das Fehlen eines wichtigen Stoffes im Körper wird durch Hunger bzw. Appetit auf ein bestimmtes Nahrungsmittel angezeigt. Wird das Bedürfnis etwas zu essen erfüllt, ist das Hungergefühl verschwunden und der Körper ist eine bestimmte Zeit lang wieder leistungsfähig.

Durst ist ebenfalls ein sehr wichtiges Basisgefühl. Unser Körper ist ein dynamisches Gefüge und mit ständigen Auf- und Abbauprozessen beschäftigt. So, wie wir unser Geschirr nach dem Essen abspülen, braucht auch der Körper eine Möglichkeit, die stofflichen Altlasten loszuwerden. Unser Körper besteht übrigens zu über 95 Prozent aus Wasser! Wenn wir trinken, können mit der aufgenommenen Flüssigkeit überflüssige Bestandteile der

Nahrung aus dem Körper gespült werden. Wir fühlen also Durst, damit wir dem Körper Flüssigkeit zuführen, die die Zellen durchspült und den Körper so gesund erhält.

Beim Essen und Trinken werden wichtige fremde Stoffe in die Schwingungen des Körpers aufgenommen. Fehlen z. B. Mineralien oder Vitamine, entwickelt der Körper Appetit auf ein entsprechendes Lebensmittel. Alles, was der Körper nicht benötigt, wird ausgeschieden, der Rest wird verarbeitet. Der Körper wird immer wieder neu aus all den Stoffen aufgebaut, die wir zu uns nehmen.

Die Wichtigkeit von Wärme- und Kälteempfindungen ist nicht zu unterschätzen. Unser Körper hat ein geniales Betriebsklima in einem sensiblen Temperaturgleichgewicht. Erwärmt sich der Körper zu stark, schwitzen wir, um das Gleichgewicht wiederherzustellen. Wir können das Gleichgewicht durch sinnvoll eingesetzte Kleidung zusätzlich regulieren. Wird der Körper zu kalt, „erkälten" wir uns und die – sowieso in unserem Körper hausenden – Bakterien werden aktiv, um den Körper wieder zu beleben: Wir bekommen einen Schnupfen. Auch hier können wir, wenn wir das Gefühl haben, es sei zu kalt, mit Kleidung oder Heizung Abhilfe schaffen.

Angst gehört ebenfalls zu den Basisgefühlen. Ängste lösen als Reaktion auf drohende Gefahren Flucht- und Schutzreaktionen aus: Wird der Körper bedroht, wird alles getan, um ihn zu schützen und gesund zu erhalten. Je nach Bedrohung, ergreifen wir entweder die Flucht, verweigern wir die Nahrung, stellen wir uns tot oder wir kämpfen. In diesem Sinn gehört die Angst zu einer biologisch sinnvollen Grundausstattung. Ergreift allerdings die Angst Besitz von unseren Gedanken, wird sie zu einem großen individuellen Problem, mit dem viele von uns im Alltag zu kämpfen haben. Die in das denkende Bewusstsein „gehobene" Angst setzt Gedankenszenarien in Gang, die sich recht schnell in alle nur vorstellbaren fiktiven Richtungen ausbreiten und alle möglichen – und unmöglichen – hypothetischen negativen Abläufe durchspielen. Angst setzt dann unser fließendes unbewusstes Sein weitgehend außer Kraft; das Vertrauen in die selbstlaufenden Prozesse geht verloren. Aus dem Unbewussten tauchen dann irrelevante Lebensvorgänge im Bewusstsein auf, um kontrolliert und gesteuert zu werden. Dies führt meist schnell zu einer kompletten Überforderung und dadurch zu einem Rückzug bis hin zu einem Zum-Erliegen-Kommen jeder Art von Aktivität im Alltagsumfeld.

Beispiel: Ich habe Angst, eine Birne zu essen, weil da ein Wurm drin sein könnte. So weit, so gut! Ich bräuchte jetzt die Birne einfach nur nicht zu essen! Aber meine Gedanken – also mein Kopf – spielt mir jetzt alle vorstellbaren Szenarien zu: Wenn der Wurm dann im Bauch noch lebt, beißt er sich womöglich in die Magenwand ein. Dann bekomme ich Magenprobleme oder sogar ein Magengeschwür. Vielleicht muss ich dann ins Krankenhaus und habe furchtbare Schmerzen. Vielleicht muss ich operiert werden und bin ganz lange krank und verliere meine Arbeit. Dann bekommt die blöde Kollegin doch die bessere Stelle und ich werde entlassen. Dann kann ich die Miete nicht mehr zahlen und mein Freund verlässt mich, weil ich kein Geld mehr habe! Birnen sind also schlecht, und wer weiß, ob es nicht in anderem Obst auch Tiere gibt. Eigentlich ist das Leben gefährlich und ich sollte nur noch Fertiggerichte essen ...

Das Feld des Unbewussten ist ein stabiles Lebensfundament, das für unser Wohlgefühl sorgt. Es bietet uns Sicherheit und beherbergt alle Gewohnheiten und vertrauten Lebensabläufe. Bei der heilenergetischen Arbeit werden die Handlungen des Unbewussten an die Oberfläche des Bewusstseins „geholt" und beleuchtet, um die im Energiefeld vorhandenen Blockaden verstehen zu können. Nach jedem Heilungs- und Bewusstseinsprozess sinken dann diese Lebensabläufe wieder ab ins Unbewusste.

Wir können diesen Vorgang vergleichen mit einem Update des Computers. Ist das Update erfolgt, laufen die Programme wieder im Hintergrund. Solange sie reibungslos laufen, denken wir nicht an ihre ständig laufenden Prozesse. Erst eine Fehlermeldung bringt das Programm in unsere Bewusstseinssphäre und es gilt, sich mit der Fehlfunktion bewusst zu beschäftigen, um die Störung zu beheben. Danach läuft das Programm wieder reibungslos im Hintergrund und wir nehmen es nicht mehr bewusst wahr.

Die Impulsgefühle

Die Impulsgefühle Schmerz, Lust und Wut sind Bindeglieder zwischen dem Unbewussten und dem Bewusstsein. Impulsgefühle lösen eine Handlung aus infolge eines Basisgefühls. Hunger als Basisgefühl führt beispielsweise zu dem Impulsgefühl „Lust auf Essen". Wir haben also Hunger oder Durst und bekommen dann Lust, uns etwas zu kochen, essen zu gehen oder eine Flasche Wasser aus dem Keller zu holen. Ohne diese Lust passiert gar nichts! Wie lange wir brauchen, um uns in Bewegung zu setzen, hängt ganz von unseren individuellen Erfahrungen ab. Jeder Mensch hat seine eigene angelernte Geschwindigkeit, was das Entwickeln von Impulsgefühlen betrifft. Der eine reagiert schneller auf ein Basisgefühl, der andere nimmt einen Handlungsbedarf wesentlich später und schwächer wahr.

Lust ist der Hauptauslöser einer Handlung. Ohne Lust zu haben, etwas zu tun oder etwas haben zu wollen, wird keine Energie bereitgestellt, um zu handeln. Lust ist auch Handlungsauslöser für die täglichen Veränderungen im Leben. Wenn der Nutzen aus einer Veränderung größer ist als der Schaden des momentanen Zustands, entsteht Lust auf Veränderung. Die Lust, zu handeln, kann gefördert, aber auch aberzogen werden. Wenn Eltern ihrem Kind aus Angst jegliche Gelegenheit, zu klettern, zu toben oder zu forschen, verbieten, wird die Lust nach und nach schwächer. Wenn durch Beschränkungen, Verbote und starre Richtlinien dem Kind die Lust genommen wird, etwas Neues auszuprobieren, erlahmt seine Lust zur Aktivität im Allgemeinen.

Lust ist abhängig von der Kraft der eigenen Lebensenergie und dem Selbstvertrauen. Haben wir oft erleben können, dass unsere Eltern uns etwas zutrauen, steigt zum einen unsere Lebensenergie und zum anderen werden wir immer zeigen wollen, dass wir etwas bewältigen können. Sind wir dagegen oft gebremst worden, werden wir immer gedämpfter durch das Leben gehen als unsere Mitmenschen.

Schmerzen aller Art gehören aus heilenergetischer Sicht ebenfalls zu den Impulsgefühlen. Sie geben dem Körper eine genaue Anweisung, was zu tun oder zu lassen ist, damit er gesund werden kann. Schmerzen weisen deutlich auf einen Missstand hin und nicht selten verhindern sie bestimmte

Tätigkeiten. Schmerzen lehren uns also, Dinge zu tun oder zu unterlassen. Schmerzen verhindern Verletzungen und Überanstrengungen auf der physischen Ebene. Sie zeigen deutlich spürbar, dass es eine Unstimmigkeit gibt zwischen Denken und Handeln.

Ein Beispiel: Du willst unbedingt einen Dauerlauf über zehn Kilometer machen, aber Muskelschmerzen weisen dich darauf hin, dass dein Körper diese Anstrengung momentan nicht bewältigen kann. Das Empfinden von Schmerz ist eine sehr wichtige und lebensnotwendige Fähigkeit des Menschen. Ist es außer Kraft gesetzt, sind wir in unserer materiellen Existenz bedroht; wir können dann nicht aus einem plötzlich auftauchenden Schmerz lernen und begeben uns mit unserem Körper in Gefahr.

Kleiner Exkurs: Schmerz
Es gibt eine Erkrankung mit dem Namen „CIP" (Congenital Insensitivity to Pain), bei der der körperliche Schmerz nicht wahrgenommen werden kann. Die betroffenen Menschen können nicht die körperliche Erfahrung zu ihrer Entwicklung nutzen und haben deshalb nur eine kurze Lebensdauer. Sie laufen beispielsweise mit einem gebrochenen Bein weiter, verbrennen sich mit heißem Wasser oder fassen in ein Messer, ohne darauf zu reagieren.

Wir haben auch als Gesellschaft unter dem Einfluss unseres rationalen Weltbildes in den letzten Jahrzehnten unser Hauptaugenmerk darauf gerichtet, so zu leben, dass wir Schmerzen möglichst nicht mehr fühlen müssen. Der Schmerz verliert deshalb mehr und mehr seine auf Missstände hinweisende Wirkung. Auf diese Art blind und taub für Gefahren, überschreiten wir häufig die Grenzen dessen, was unserem Körper guttut. Es kommt dann zu genau der Überanstrengung und Überforderung, vor der der Schmerz eigentlich warnen will: Burn-out!

Im Mittelalter haben Könige die Boten köpfen lassen, die ihnen eine schlechte Nachricht brachten – ein aus heutiger Sicht sinnloses und lachhaftes Unterfangen, denn das Töten des Boten hat ja den Wahrheitsgehalt der schlechten Nachricht nicht außer Kraft gesetzt. Umso verwunderlicher ist es, dass wir – heute mit doch sehr viel mehr Verstand gesegnet – immer noch ähnliche Verhaltensweisen zeigen: Wir „köpfen" den Boten

– den Schmerz – in der Hoffnung, der schlechten Nachricht und ihren Konsequenzen damit aus dem Weg zu gehen.

Wut ist ein Impulsgefühl, das wie der Schmerz die Brücke von der Unbewusstheit – in diesem Fall von unbewussten Gefühlen – zur Bewusstheit herstellt. Wut fordert zum Kampf auf; Wut setzt Grenzen; Wut ist wichtig und dient der Durchsetzung der eigenen Kraft. Mit Wut setzen wir unseren Mitmenschen Grenzen, wenn sie uns nicht wahrnehmen oder übergriffig werden. Wir machen unsere Überforderung oder unseren Unwillen deutlich. Wut dient in diesem Sinne der emotionalen Weiterentwicklung: Durch das Spüren und Ausdrücken der Wut – beispielsweise durch körperliche Aktionen – sowie einen sinnvollen Austausch mit unseren Mitmenschen haben wir die Möglichkeit, aus der Wut zu lernen und überlebenswichtige Erfahrungen zu sammeln. Die anderen lernen uns besser einzuschätzen und wir selbst lernen unsere Ausstrahlung und Kraft kennen.

Wut ist ein Gefühl, das zur lebenserhaltenden Grundausstattung jedes Menschen gehört. Wie auf der körperlichen Ebene der Schmerz und die Lust unentbehrlich sind für das Lernen und die Entwicklung, ist auf der emotionalen Ebene die Wut unentbehrlich für die emotionale Entwicklung.

Beispiel
Das Kind soll der Oma einen Kuss auf den Mund geben, will aber nicht, weil es sich eklig anfühlt. Es will sich schützen, aber die Mutter meint, es solle sich nicht so aufführen! Das Kind fühlt sich nicht ernst genommen und streckt wütend die Zunge raus, rennt weg und knallt die Tür zu.

Die Kollegin hat sich wieder die sauberste Tasse aus dem Regal in der Teeküche ausgesucht. Du musst dir erst selbst eine Tasse abspülen, um einen Kaffee trinken zu können. Du fühlst Wut in dir aufsteigen, weil sie so respektlos ist, deshalb knallst du deine Unterlagen auf den Tisch und zischst einen passenden Kommentar.

Der Mann zappt von einem Fernsehsender zum anderen und hört nicht, dass seine Ehefrau gerne den Spielfilm sehen möchte. Schließlich schaut er Fußball! Sie fühlt sich übergangen und wird wütend, tritt ihren Hausschuh quer durch das Wohnzimmer und schimpft wie ein Rohrspatz!

Die Emotionen

Die nächste Gefühlsebene in der heilenergetischen Arbeit stellen die Emotionen dar. Sie entwickeln sich im Laufe des Lebens aus der Verschmelzung von Basisgefühlen und Gedanken. Emotionen sind in ihrer Ausprägung abhängig von der Kultur, in der ein Mensch lebt, denn wie wir bereits gesehen haben, ist die individuelle Persönlichkeit ein Ergebnis unserer Erziehung, die sich wiederum aus der Geschichte unserer Eltern und Vorfahren entwickelt hat. Emotionen bieten uns die Möglichkeit, das eigene Bewusstsein durch das Erkennen und Bearbeiten der persönlichen Themen oder auch der Familien- und Ahnengeschichte zu entwickeln. Das ist ein wichtiger Schritt, um für die Nachwelt tatsächlich eine Veränderung und Verbesserung zu erreichen, denn nur so – und das ist ein großer Gedanke – entwickelt sich letztlich die gesamte Menschheit weiter.

Emotionen bilden sich, wenn Basisgefühle nicht sofort durch Lust zu einer Handlung führen, sondern wir uns „bloß" Gedanken über die Basisgefühle machen. Wir haben es bereits bei den Ängsten im Beispiel gesehen: Unsere Gedanken bringen Bewertungen und Beschränkungen aus alten Erfahrungen und Glaubenssätzen ein und die Handlung und Befriedigung der Basisgefühle findet entweder nur verzögert oder kompensierend oder sogar gar nicht statt.

Beispiele
   Du hast Hunger (Basisgefühl) und du verspürst Lust (Impulsgefühl), eine Currywurst mit Pommes frites zu essen. Jetzt melden sich die Gedanken, Bewertungen, Beschränkungen und Glaubenssätze und sagen dir: „Fett ist ungesund, iss lieber Obst oder Gemüse. In der Currywurst sind schlechte Inhaltsstoffe und Phosphate, Schweinefleisch gibt es nur von unglücklichen Tieren, das ist unmoralisch. Wenn das deine Freundin sieht, was soll sie dann von dir denken?" Also isst du lieber gar nichts, weil du auf nichts anderes Appetit hast.

Du bist müde (Basisgefühl) und würdest gerne schlafen gehen, willst deinem Freund aber den Abend nicht verderben. Was er dann wieder denkt: „Mit dir kann man nirgendwo hingehen, immer bist du müde und langweilig." Also bestellst du dir einen Espresso und nimmst ein Aufputschmittel und bist anscheinend fit wie ein Turnschuh!

Du bist auf einen Abschlussball eingeladen und willst besonders schön aussehen. Dein Kleid ist aus einem ganz dünnen Stoff und eigentlich ist es viel zu kalt, ohne Strümpfe auszugehen. Die anderen machen es aber auch und du willst nicht aus dem Rahmen fallen. Also frierst du und lässt dir nichts anmerken.

Die beschriebenen Basisgefühle gehören zum Unbewussten und geben uns eine sichere Wahrnehmung von den Bedürfnissen unseres Körpers. Wir haben allerdings durch unsere Erziehung von klein auf gelernt, unseren lebenswichtigen Basisgefühlen nicht zu trauen. Das bedeutet, wir haben gelernt, uns nicht nach unseren Grundbedürfnissen auszurichten. Die Erfahrung sagt uns, dass wir die so sehr gewünschte Anerkennung von unserer Umgebung nur dann bekommen, wenn wir uns gegen unsere eigentlich wichtigen Basisgefühle verhalten, die uns eigentlich nur sagen, was jeden Augenblick richtig für uns wäre.

Die Verbindung von Basisgefühlen und Impulsgefühlen ist zwar vorhanden, aber aufgrund von negativen Erfahrungen oder anerzogenen Verhaltensmustern verzichten wir auf die so notwendige Handlung. Es wird uns früh beigebracht, uns selbst nicht zu vertrauen, sondern uns auf die Erfahrungen der „Großen" zu verlassen und uns vor allem der Gesellschaft anzupassen. Alle Gefühle der Ohnmacht und Angst, die hierbei entstehen, bleiben als energetische Strukturen in unserem Unterbewusstsein und als Blockaden in der Aura; sie werden als Muster von unseren Familien und aus der Umgebung im Zuge von Erziehung übernommen.

Beispiele
Du warst als Kind noch topfit und konntest bis spät abends spielen oder lesen. Fehler: Die Eltern wissen besser, wann du müde bist, und bestehen darauf, dass du früh ins Bett gehst, wo du stundenlang wach liegst! Dein Basisgefühl gibt dir eine Information über deinen Körper und es wird Lust ausgelöst, noch zu spielen. Dieses Empfinden wird durch die gut gemeinte Erziehung blockiert und du verlierst das Vertrauen in deine Körpersignale.

Du hast Hunger und weißt genau worauf. Fehler: Die Tante bestimmt, was gegessen wird! Auch hier spürst du eine Lust, nämlich auf genau die Nahrung, die dir genau jetzt guttäte. Doch du misstraust deinem Instinkt und überlässt die Entscheidung resigniert der Erwachsenen.

Dir ist zu warm und du willst dich ausziehen. Fehler: Deine Oma weiß aus eigener Erfahrung, wann es heiß und wann es kalt ist! Es ist schließlich Winter und da trägt man eine Jacke. Die Lust, deinem Körpergefühl zu folgen, wird gekappt und du wirst niemals ein eigenes Temperaturempfinden entwickeln.

Durch das Fühlen der Basisgefühle und die individuelle, uns entsprechende Handlung können wir unser Selbstvertrauen entwickeln und zu einer starken und bewussten Persönlichkeit in allen Lebensbereichen werden. In der Erziehung verschieben sich jedoch meist die wesentlichen Basis- und Impulsgefühle des Kindes als Emotionen ins Unterbewusstsein. Wer als Kind nie gelernt hat, den eigenen Gefühlen zu trauen, findet später keinen Weg, sinnvoll mit seinem Körper und seinen Grundbedürfnissen umzugehen; ihm geht im Laufe der Zeit das ursprüngliche Vertrauen verloren.

Zu den Emotionen, die die Ebene des Unterbewusstseins bilden, gehören: Pflicht, Sorge, Schuld, Erwartungen, Ohnmachten aller Art, Trauer, Wut, Angst, Lüge, Trotz, Neid, Eifersucht, bestimmte Formen von Aggression, Dünkel, Selbstmitleid, das schlechte Gewissen, Enttäuschung, Moral, Scham und Glaubenssätze.

Emotionen bestimmen unser Leben in der Gesellschaft; sie entwickeln sich durch unsere Erziehung und Anpassung. Sie liegen als blockierende Strukturen in unserer Aura vor und gehören zum Unterbewusstsein. Die Auswirkungen von Emotionen sind komplex und prägen unser gesamtes Leben.

Auswirkungen
- → Selbstbewusstsein und Selbstwertgefühl werden beeinträchtigt.
- → Wir sind beeinflussbar durch fremde Meinungen.
- → Die Lust, aus eigenem Antrieb zu handeln, wird reduziert.
- → Wir sind es gewohnt, vorrangig zu konsumieren.
- → Wir richten uns nach den Meinungen anderer Leute, nach der Werbung und dem Zeitgeist.

→ Wir fühlen uns selbst nicht, wir kennen unsere Bedürfnisse nicht und trauen uns selbst nichts zu.

Emotionen und Gefühle bestimmen unseren Alltag und jede einzelne unserer Handlungen. Unsere Kultur und die daraus folgende Erziehung ist nicht auf das Hüten und Stärken des individuellen Schatzes des Kindes ausgerichtet. Nicht mehr die Erhaltung des Körpers und das seelische Wohl stehen im Mittelpunkt des kindlichen Lebens, es ist vielmehr Ziel der Erziehung, die Wahrnehmung und Orientierung an den eigenen Gefühlen zu missachten und den kleinen Menschen zu einem gefügigen Mitglied der Gesellschaft zu verformen – auch wenn das den meisten Eltern nicht bewusst ist.

Wir wünschen uns zwar für unsere Kinder, dass sie als selbstbewusste und starke Persönlichkeiten von uns auf ihren Weg gebracht werden, müssen aber immer wieder feststellen, dass dies mit dem gegenwärtigen Erziehungsmodell nicht gelingt. Ohne den Gefühlen einen Raum im Leben zu geben – der ihnen auch zusteht –, damit sie als Wegweiser und Orientierungshilfen nützlich sind, wird unsere Gesellschaft immer hohler, leerer und orientierungsloser. Ohne die Erkenntnis der Wichtigkeit eines harmonischen Zusammenspiels von Körper, Geist und Seele – inkl. aller Gefühle und Emotionen – können wir Menschen nur gefühlsarme (tote) Rollen spielen, weit entfernt von Lebendigkeit, Authentizität und Freiheit.

Den richtigen Umgang mit Gefühlen zu erlernen und deren Bedeutung zu erforschen, könnte beispielsweise das Kernthema eines zentralen Lehrfachs an solchen Schulen werden, die die Entwicklung einer emotionalen Intelligenz bisher unberücksichtigt lassen.

Sinnanalytische **Aufstellungen** – Der heilenergetische Weg zur Problemlösung

① Frei schwingende Energie wird als positive Empfindung gefühlt:

Liebe	Harmonie	Zufriedenheit
Freude	Zuversicht	Authentizität
Wohlfühlen	Glück	Dankbarkeit
Verbundenheit	Im Fluss sein	

② Basisgefühle sind keine Blockaden, dienen der Erhaltung und dem Schutz des Körpers:

Hunger	Müdigkeit	Wärme/Kälte
Durst	Angst	

③ Impulsgefühle sind keine Blockaden und notwendig, um aktiv zu werden und Basisgefühle umzusetzen

Wut	Lust

④ Emotionen sind Blockaden und durch entsprechende Gedanken geprägte Gefühle, hier unterschieden nach der Blockaden Art:

1. Ohnmacht

Trauer	Enttäuschung	Wertlosigkeit
Wut	Kummer	Selbstboykott
Trotz	Verbitterung	Unfähigkeit
Scham	Hass	Ratlosigkeit
Resignation	Zorn	Rücksichtnahme
Schmerz	Zweifel	Autoaggression

In die Kategorie der Ohnmachten gehören auch die komplexeren Begriffe:

Tradition	Moral	Glaubenssätze

2. Angst

alle Ängste	Lügen (entwickeln sich	Panik
Lebensangst	aus Ängsten)	Fluchtgefühl
Todesangst	Süchte (Grundbaustein	Unfähigkeit
Furcht	ist immer eine Angst)	

3. Löcher und Kabel

Pflicht	Schlechtes Gewissen	Enttäuschung
Sorge	Jede Form von Erwartung	
Schuld	an mich und an andere	

4. Dünkel/Arroganz und Selbstmitleid

Überheblichkeit	Rechthaberei	Selbstboykott
Stolz	Macht	Unfähigkeit
Ekel	Aggression	Todessehnsucht
Abscheu	Neid/ Eifersucht	Beklemmung
Schadenfreude	Opfersein	Leid

Zusammenfassung
- Gefühle sind die Grundlage des Lebens.
- Basisgefühle dienen dem körperlichen Wachstum, der Gesunderhaltung und dem allgemeinen Wohlbefinden.
- Basisgefühle werden ausgelöst durch einen physischen Zustand bzw. Umstand und dienen der materiellen Erhaltung.
- Impulsgefühle dienen der Umsetzung dessen, was Basisgefühle anzeigen, in eine praktische Handlung.
- Gefühle zeigen körperliche Missstände an; Basisgefühle resultieren aus den unbewussten Abläufen der Körperfunktionen.
- Gefühle machen auf energetische Missstände aufmerksam; Impulsgefühle sind die Antriebskräfte für Handlungen, Veränderungen und Entwicklung.
- Gefühle verbinden uns auch mit der Genialität der Schöpfung; sie lassen uns die Großartigkeit und Schönheit der Natur, die Weite des Universums und den Sinn des Lebens wahrnehmen.
- Emotionen sind durch Gedanken erweiterte und verzerrte Basisgefühle und werden als Blockaden in der Aura gespeichert.
- Emotionen sind absolut subjektiv und individuell; sie dienen der menschlichen Entwicklung.
- Emotionen fungieren als Mittler zwischen Geist und Materie.

Gefühl als Verbindung

Entwicklung und Reife

Was wir jeder Pflanze und jedem Tier zugestehen, sprechen wir uns als Mensch ganz selbstverständlich ab: das Leben als Prozess der Entwicklung und Reife!

Stell dir vor, du hast einen kleinen Apfelkern in deiner Hand. Du setzt ihn in einen Topf mit etwas Erde, gibst ihm Wasser und stellst ihn in die Sonne. Bereits nach kurzer Zeit hast du ein kleines Pflänzchen; ein kleines Apfelbäumchen wird sich entwickeln, das du in deinem Garten einpflanzen kannst. Es wird wachsen, Blüten tragen, daraus kleine Fruchtansätze entwickeln, die bis zum Sommer mit viel Licht und Wasser und Nährstoffen zu saftigen, kräftigen Äpfeln heranreifen.

Das ist der Zustand des Apfels, den wir mögen. Wir pflücken und genießen ihn. Aber wenn wir den Apfel nicht ernten, sondern am Baum hängen lassen, geht seine Entwicklung noch weiter. Er wird die gesammelte Energie des Sommers – die „Erfahrungen", die er gemacht hat – aus dem kraftvollen Fruchtfleisch als Essenz in seinen kleinen Kernen speichern. Und diese kleinen Kerne enthalten wiederum alle Informationen, um im nächsten Jahr ein komplett neues Pflänzchen hervorbringen zu können. Das ist der Kreislauf des Lebens, der sich in allen Facetten der Natur immer wieder aufs Neue in allen möglichen Zeitabläufen wiederholt: immer wieder neue Kreise, die sich am Ende schließen.

Wir Menschen sind zwar mit einem Bewusstsein ausgezeichnet, was bedeutet, dass wir zu freien Überlegungen und Entscheidungen in der Lage sind. Aber genau dieses Bewusstsein, dass wir uns entscheiden können, birgt immer auch das Risiko, uns zu irren. Entscheidung bedeutet, zwischen mehreren Möglichkeiten wählen zu können. Der Apfel hat keine Wahl. Wir Menschen haben eine Wahl! Um dem materiellen Wachstum – dem Konsum, der Wirtschaft und dem Geld – Genüge zu tun, sind wir aus unserem ursprünglichen, sinnbringenden, spirituellen Lebenskreislauf ausgestiegen und haben eine rein materiell ausgerichtete Entscheidung getroffen. Wir haben unsere Gefühle für materiellen Wohlstand geopfert. Seltsamerweise würden wir jedoch alle am liebsten auf dem Stand des reifen Apfels in Saft und Kraft für immer stehen bleiben. Wir tun alles dafür: treiben Sport, nehmen Tabletten, spritzen Botox bzw. andere angeblich verjüngende Präparate oder lassen uns sogar operieren, um ein „knackiger Apfel" zu bleiben. Weitestgehend nutzen wir nicht unsere gemachten Erfahrungen zur weiteren Entwicklung, sondern ignorieren und meiden die persönliche und kollektive Verarbeitung des Erlebten und damit auch eine Bewusstseinsentwicklung als Menschheit.

Das, was der Apfel den Sommer über aufgenommen hat an Kraft und Informationen, entspricht im Vergleich mit uns Menschen den wichtigen Lebensphasen „Jugend" und frühes „Erwachsenenalter", in denen wir Emotionen und Erfahrungen sammeln. Gut und sinnvoll könnte es sein, aus diesem Fundus heraus persönlich zu reifen. Das bedeutet, die Erfahrungen – ob gut oder schlecht – durch einen Bewusstseins- und Reifungsprozess in eine tiefere Erkenntnis und ein umfassenderes Verständnis des Lebens zu verwandeln. Wir würden fähig, den Sinn von Schmerz und Leid zu verstehen und daraus neue Erkenntnisse zu gewinnen – mit dem Ziel, die nachfolgenden Generationen wirklich erwachsen zu begleiten und ihnen mit entsprechender Geduld und anwendungsfähiger Erfahrung zur Seite zu stehen. Junge Menschen brauchen die Reife der „Alten", um sich positiv auszurichten und das eigene Leben mit Zuversicht zu gestalten. Was gibt es Schöneres, als einem alten und gereiften Menschen zu begegnen und an seinem Lebenssinn teilzuhaben – unabhängig von seinem oder ihrem materiellen Reichtum und Besitz?

> Heilenergetik und Sinnanalytische Aufstellungen
> bieten einen effektiven Ansatz, um zu einem
> glücklichen und erfüllten Leben zu finden.

Für diesen Wandlungsprozess – sich von der Erfahrung in die Reifung zu entwickeln – kann sich jeder Mensch nur selbst bewusst entscheiden. Zu diesem anspruchsvollen Weg gehört, persönliche emotionale Blockaden zu lösen, sich selbst und das eigene Leben vollständig anzunehmen, die spirituelle Seite in sich zu stärken und ein zutiefst toleranter Mensch zu werden sowie die energetischen Zusammenhänge zu überblicken, anderen zu verzeihen und sie zu lieben, sich von anderen auch lieben zu lassen und viele andere menschliche Qualitäten auszubilden.

Der Prozess der menschlichen Reifung

Blockaden im Energiefeld

Wir kommen als kleine Wesen zur Welt, die sich zu Beginn ihres Lebens noch mit ihrer ganzen Umgebung verbunden fühlen. Erst im Alter von ca. 2-3 Jahren wird uns allmählich bewusst, dass wir von den anderen Menschen getrennt sind und alleine für uns sorgen können. Wir wissen beispielsweise, was wir essen wollen, wann wir müde sind und ob uns warm oder kalt ist. Wir werden immer eigenständiger und übernehmen im Laufe unserer Kindheit und Jugend auch irgendwann Eigenverantwortung für das, was wir denken, fühlen und tun. Wir lernen, mit unseren Gefühlen eigenverantwortlich umzugehen und für jede unserer Handlungen selbst verantwortlich zu sein. Dies gilt zunächst einmal nur für uns selbst, denn Selbstfürsorge ist eine wesentliche Grundlage dafür, sich auch auf andere Menschen zu beziehen und sich auf sie einzulassen. Wir können buchstäblich den anderen nur so lieben, wie wir uns selbst lieben!

Selbsterkenntnis, Selbstannahme und Selbstliebe stehen also im Vordergrund, auch wenn unsere Erziehung eher versucht, unsere Anpassung an gesellschaftliche Konventionen und Normen zu bewirken und somit unsere authentische Eigenverantwortung untergräbt. Vertrauen und vernetztes Denken gehören nicht vorrangig zu einer „guten Erziehung", deshalb müssen die meisten Menschen, wenn sie endlich erwachsen geworden sind, sehr viel Aufwand betreiben, um zu sich selbst zu finden und ihren eigentlichen Lebenssinn zu entdecken – falls sie überhaupt auf die Idee kommen, danach zu suchen.

Die stärkere Tendenz in unserer Gesellschaft geht dahin, ein Leben des „Vergessens" zu führen; tatsächlich werden im Alter alle gemachten Erfahrungen und Emotionen des eigenen Lebens zu vergessen versucht, anstatt an ihnen – innerlich – zu wachsen und zu reifen. Das Leben als Prozess – als Gesamtkunstwerk – wird nicht wertgeschätzt, vielmehr gilt ein Leben nur dann als erfolgreich, wenn der Körper möglichst lange in einem gesunden und messbar fitten Zustand erhalten bleibt und alles materiell Erreichbare geschafft worden ist. Von persönlicher Entwicklung und Reifung ist nur noch selten die Rede.

Das Entstehen von Blockaden in unserem Energiefeld, der Aura, ist nicht gut und nicht schlecht, sondern dient lediglich unserem Weiterkommen als reifende Persönlichkeiten. Aber wo entwickeln wir uns hin? Zu der Erkenntnis, dass alles was wir jemals erfahren und durchlebt haben, einen Sinn für uns hat, und spirituell betrachtet auch zu der Erkenntnis, dass wir alle miteinander verbunden sind und unsere Verstrickungen loslassen können, um den Zustand der Allverbundenheit auf einer höheren Ebene – der Seelenebene – vollenden zu können.

Strukturen entstehen immer durch eine Veränderung der Richtung der Yin- und Yang-Schwingungen[5]. Sie lassen sich in verschiedenen heilenergetisch relevanten Kategorien erfassen:
→ einfache Löcher,
→ Röhren,
→ Kugeln,
→ verdrehte Röhren,
→ Kombinationen.

Energetische Ohnmacht im Alltag

Eine sogenannte Ohnmacht in der Aura (energetische Ohnmacht) ist ein in einer Kugelform abgekapselter Teil unserer Lebensenergie. Ursache für eine solche Abkapselung ist immer ein belastendes Ereignis. Zusammen mit der Energie werden in dieser Kugel auch die Gefühle eingeschlossen, die wir im Augenblick des Ereignisses haben. Die eingeschlossene Energie steht uns dementsprechend in unserem Alltag als Lebenskraft nicht mehr zur Verfügung; nur gelegentlich „spüren" wir sie, wenn wir wieder ein (vergleichbares) belastendes Ereignis erleben, das uns an die alte Erfahrung erinnert und die alten Emotionen wieder heraufbeschwört.

---

5) Die Natur, wir haben es schon oft gehört, ist ein duales System. Sie gründet auf sich ergänzenden oder bedingenden Gegensätzlichkeiten, sogenannten „Antagonisten", Yin und Yang. Diese beiden Schöpfungsimpulse durchdringen sämtliche Lebensprozesse und ihre Formen. Auch uns selbst. (Zeiten Schrift)

> Die energetische Ohnmacht ist (zunächst)
> ein lebenserhaltender Schutz, der das gesamte
> Energiefeld umgibt und es gegenüber der
> Umgebung abschirmt.

In diesem Schutzfeld fühlen wir uns zwar unserer Situation entsprechend schwach, unterlegen, gekränkt und verletzt, unsere körperlichen Funktionen bleiben durch die schützende Ohnmacht jedoch intakt. Nach und nach schrumpft die das gesamte Energiefeld umgebende Ohnmacht zusammen zu einer kleinen Kugel, die sich von nun an in der Aura als gespeicherte Struktur befindet. Aufgrund dieser Blockade ziehen wir in Zukunft immer wieder Menschen an, die genau dieses schmerzliche Gefühl in uns erneut anregen, und fügen so neue „Verletzungen" (Ohnmachten) hinzu. Wir könnten die alte Emotion jedoch auch bewusst erkennen, uns mit ihr auseinandersetzen und sie verarbeiten – sie letztlich auflösen und uns dadurch (sozusagen über sie hinaus-) entwickeln.

Eine auf diese Weise im Energiefeld gelagerte (Ohnmachts-)Kapsel hat immer eine energetische Verbindung zum Körper, denn bei jedem erlebten Gefühl reagiert auch unser Körper. Stell dir vor: Als Kind hattest du Angst und wolltest vor etwas weglaufen, hast es aber nicht getan. Das Bedürfnis, wegzulaufen, steckt aber immer noch als Information in deinen Muskel- bzw. Knochenzellen. Das bedeutet, du wirst älter und spürst ähnliche Ängste als Verspannungen oder Schmerzen in deinem Köper, und zwar an genau derselben Stelle wie damals. Deine Muskeln verkrampfen sich genau wie damals, als du eigentlich weglaufen wolltest!

Diese körperlichen Zusammenhänge werden für uns bei allen Emotionen spürbar: Wir zucken zusammen, wollen flüchten, freuen uns, sind erregt, wollen etwas sagen, ducken uns weg, verkrampfen usw. Wird die energetische Blockade über lange Zeit nicht bearbeitet und dann im Körper akut wieder spürbar, sprechen wir von einer Krankheit. Tatsächlich ist das körperliche Symptom allerdings nur die äußerliche, materielle Erscheinung des Vorgangs, der sich über viele Jahre und Jahrzehnte im Energiefeld unserer Aura abgespielt hat.

Die heutigen gesundheitlichen Vorsorgemaßnahmen sind darauf ausgerichtet, möglichst frühzeitig das körperliche Symptom zu erkennen und den Schmerz zu beseitigen. Es geht dabei allerdings immer nur darum, die Symptomatik zu behandeln, und nie darum, den energetischen Zusammenhang und die Emotionen dahinter zu verstehen, geschweige denn sie zu integrieren und so zu „erlösen". Im Energiefeld angesammelte Ohnmachtskapseln, aber auch alle anderen Strukturen, die wir hier noch kennenlernen werden, sind deutliche energetische Zeichen: alte Emotionen, die als gegenwärtige Gefühle erfahren werden, lange bevor sie körperliche Auswirkungen haben! Wenn wir wieder lernen, mit unseren Gefühlen und Emotionen angemessen umzugehen und die Zusammenhänge des Lebens zu erkennen, können wir die Blockaden lösen und damit an Gesundheit und Lebenskraft gewinnen.

In unserem Alltag erleben wir ständig Ohnmachtssituationen. Unser menschliches Zusammenleben ist, energetisch gesehen, ein einziges Ineinanderweben von Energien, Blockaden-schaffen und Blockaden-lösen. Wir begegnen Menschen auf der Straße und gehen achtlos aneinander vorbei. Tag für Tag sind Hunderte oder Tausende von Menschen in unserer Nähe; die meisten von ihnen nehmen wir nicht wirklich wahr. Einige lösen in uns Empfindungen aus: Manche können wir leiden, andere nicht. Die einen finden wir sympathisch, die anderen nicht.

Was aber ist es, das den einen oder die andere aus der großen Masse heraushebt? Beim Ineinanderschwingen unserer Energiefelder gibt es in manchen Fällen Resonanzen[6], die Reaktionen auslösen. In den vielen anderen Begegnungen, bei denen die Energiefelder ineinanderschwingen, ohne auf eine Resonanz zu stoßen, fließt unsere Schwingung ungestört. Alles bleibt reibungslos und funktioniert im Bereich des Unbewussten; eine „Störmeldung" (Gefühl) an das Bewusstsein ist nicht nötig.

Bei den Begegnungen, die aus der Masse herausragen – die uns also aufgrund der Resonanz auffallen –, liegt eine Störmeldung vor, die aus unserem Unterbewusstsein auftaucht. Der andere Mensch wird plötzlich von

---

6) Der Begriff Resonanz stammt aus der Akustik, wo er von alters her das deutlich bemerkbare Mitschwingen von Saiten bei Tönen geeigneter Tonhöhe bezeichnet.

uns wahrgenommen: Sympathie, Antipathie, Aussehen, Haarfarbe, Kleidung oder Haarspange, Parfüm, Geruch von Rauch, Bartwuchs, die Art, zu gehen, das Grinsen, die Brille usw. Was immer auch die Wahrnehmung auslöst, es ist ein Hinweis darauf, dass wir in unserem Energiefeld mit dieser Person resonieren.

Wenn wir solche Situationen bewusst wahrnehmen und registrieren, spüren wir auch die gebundene Energie in unserer Aura. Was genau fühlen wir? Welche Erinnerungen kommen in uns hoch? Manchmal sind es nur blitzartig erscheinende Bilder oder Szenen, die schnell wieder verschwinden. Manchmal ertappen wir uns dabei, in Erinnerungen zu versinken oder an den Erinnerungen zu leiden. Wir bekommen heute noch Herzklopfen, leiden an Kurzatmigkeit oder werden rot im Gesicht, wenn uns (durch Resonanz) vergangene Situationen bewusst werden, die sich in unserem Energiefeld als Blockaden abgespeichert haben.

Beispiele
→ Jemand wird beim Anblick schwarzhaariger Männer immer an eine große Liebe erinnert, die schmerzhaft zu Ende ging.
→ Ein grüner Kleinbus erinnert jemanden an den Unfall, bei dem er in den Straßengraben abgedrängt wurde.
→ Rothaarige Mädchen mit Sommersprossen erinnern jemanden an das Nachbarmädchen, das ihn beim Theaterspiel öffentlich blamierte.
→ Jemand hat ein ungutes Gefühl, wenn er einen Polizisten sieht, weil er als Kind zu bravem Verhalten ermahnt wurde, weil sonst „die Polizei kommt".

Eine Ohnmacht ist für alle Menschen ein sehr bekanntes und ständig auftretendes Lebensgefühl. Sie wird durch Erlebnisse und Begegnungen im Alltag angestoßen und verschwindet meist schnell wieder im Unterbewusstsein. Oft wird sie nicht einmal richtig wahrgenommen. Stell dir vor: Dir wird kurzzeitig übel, ein Stechen in der Brust macht sich bemerkbar, ein Kratzen im Hals verursacht einen Hustenanfall, du hast plötzlich schlechte Laune, dir ist der Name deines Gegenübers soeben entfallen, der Geldbeutel fällt dir aus der Hand usw. Alle diese Erlebnisse sind kleine und kleinste Ohnmachten. Was soll dir das Ereignis sagen? Wen hast du gesehen, als das Kratzen im Hals anfing? An wen hat er dich erinnert?

Hättest du diesem Menschen dringend etwas sagen sollen? Vielleicht hast du immer ein Kratzen im Hals, wenn du Menschen begegnest, die dich an eine bestimmte Lebenssituation erinnern? Musst du bis ans Ende deines Lebens Hustenanfälle haben oder kannst du die dahinter liegende Ohnmacht nicht jetzt – heute und hier – finden, auflösen und die abgekapselte Energie wieder freisetzen, um nach und nach wieder „in Fluss" zu kommen?

Stell dir ein Baby vor, das vor Hunger schreit, aber aus erzieherischen Gründen lässt man es einfach schreien. Sein Energiefeld ist schwächer als das der ihn umgebenden Menschen und sein Bedürfnis nach Nahrung wird nicht ernst genommen. Das Energiefeld des Babys bildet zum eigenen Schutz eine Ohnmacht aus, wobei das Grundgefühl ist: Ich werde nicht wahrgenommen. Diese Ohnmacht des Babys bezieht sich zunächst auf sein Basisgefühl „Hunger". Je älter dieser kleine Mensch wird, umso öfter bringt er diese Erfahrung des Nicht-wahrgenommen-werdens mit seiner Person in Verbindung. Die daraus folgende Ohnmacht entspricht dem Gefühl: Ich werde alleingelassen; ich bin anderen ausgeliefert.

Wut, Trotz und Hilflosigkeit bilden starke Ohnmachtsstrukturen aus. Diese bleiben im Energiefeld zusammen mit den als unangenehm erlebten Gefühlen erhalten. Nehmen wir beispielhaft an, dass bei diesem Menschen die Disposition für die Fixierung der Blockade (Ohnmachtsstruktur) im Bereich des Darmes besteht. Im Laufe des Lebens wird es viele weitere dieser Ohnmachtsereignisse geben und immer wieder wird dieser Mensch die Erfahrung machen, dass er nicht selbst entscheiden kann, wann, was oder wie viel er essen darf. Jemand anderes in seinem Umfeld, der ihn in seinen Bedürfnissen nicht ernst nimmt, fällt für ihn diese Entscheidungen. Das wird zunächst die Mutter sein, die darauf besteht, dass zu bestimmten Zeiten gegessen wird und dass auch „aufgegessen" wird, was auf den Tisch kommt. Das kann später bei der Bundeswehr ein Gruppenzwang sein, zu bestimmten Zeiten auf Befehl essen zu müssen. Das kann die Ehefrau sein, die das von ihr gekochte Essen mit ihrem persönlichen Selbstwert verbindet und dadurch einen Erwartungsdruck rund um das Essen aufbaut. Immer wieder wird weitere Energie aus dem Energiefeld dieses Menschen in die Ohnmachtsstruktur eingebunden.

Irgendwann ist so viel Energie gebunden, dass für die Gesunderhaltung des physischen Körpers nicht mehr genug Energie vorhanden ist. Ab diesem Zeitpunkt bekommt der Mensch durch den Energiemangel körperliche Probleme. Da die beim ihm veranlagten Strukturen in Zusammenhang mit seinem Darm stehen, bekommt er vermutlich Probleme mit diesem Organ. Das Energiefeld materialisiert eine Störung auf der körperlichen Ebene, beispielsweise Verstopfung, Durchfall, Koliken usw. Der „kranke" Darm weist damit auf die Mangelproblematik des Menschen hin. Auf einmal fühlt er seinen Darm durch Beschwerden oder Schmerzen. Er kann nicht mehr alles essen. Er muss sich jetzt mit seinem Körper beschäftigen und die Menschen aus seiner Umgebung beschäftigen sich ebenfalls mit seinem Problembereich. Der Arzt verschreibt eine Arznei und gibt Empfehlungen für die Ernährung. Der Mensch hat nun einen Teil seiner Verantwortung abgegeben. Wo er es selbst nicht schaffte, auf seine wesensgerechte Ernährung zu achten, hat er jetzt Beistand von außen erhalten. Selbst seine Mutter, seine Ehefrau und sogar die Bundeswehr würden auf das Attest des Arztes hören.

Eine Erkrankung, egal welcher Art, dient der Bewusstwerdung. Der Mensch bekommt die Chance, durch das Hineinspüren in die Symptomatik den dahinter liegenden Sinn zu erkennen, in unserem Fall das Thema, „nicht ernst genommen zu werden". Diese Erkenntnis ist der erste Schritt auf einem bewussten Weg zur eigenen Entwicklung. In unserem Beispiel macht der Betroffene Erfahrungen in Bezug auf das Essen, die im Laufe der Zeit immer wieder bestätigt werden. Die schlechten Gefühle, die das Essen begleiten, ziehen sich durch sein ganzes Leben. Wenn sein Bewusstsein diese Emotionen und Erfahrungen erkennt und er in seinem Verhalten eigenverantwortlich wird, kann er diese Blockaden auflösen. Er löst sich von den Erfahrungen der Vergangenheit und entscheidet in Zukunft selbst, wie er fühlen und reagieren möchte.

Betrachten wir noch einmal zusammenfassend: Jede Struktur in unserem Energiefeld – in diesem Fall die Ohnmacht – ist die Ursache für eine Emotion. Nur durch unsere aktuellen Gefühle werden wir aufmerksam auf Missstände und Entwicklungsthemen in unserem Leben. Manifestiert sich eine Krankheit im Körper, werden die Gefühle noch eindeutiger. Sie sind dann nicht mehr „nur" seelisch, sondern werden wieder zu Basisgefühlen.

Wir können dann vielleicht nicht mehr essen oder es wird uns übel und die Schmerzen nehmen zu. Die Beweglichkeit ist eingeschränkt, der Körper gerät außer Kontrolle und weist auf einen Mangel hin oder die Erkrankung entwickelt sich lebensbedrohlich.

> Eine körperliche Erkrankung lässt uns die
> Basisgefühle spüren und die im Unbewussten
> wirkenden Kräfte werden uns bewusst.

Wir sind im Grunde alle ständig in Lebenssituationen, die nicht unserer Natur entsprechen, erleben also alltäglich energetische Ohnmachten. Unsere eigenen Bedürfnisse und Wünsche werden zurückgestellt, Einschränkungen werden in Kauf genommen und aus vorübergehenden Kompromissen werden Dauerzustände. Die auftauchenden Emotionen nehmen wir meistens nicht ernst oder wir reagieren auf Symptome mit Schmerzmitteln – ein gesellschaftlich anerkanntes Vorgehen. Erst die Basisgefühle werden in unserer Kultur überhaupt respektiert, das heißt, wir müssen erst krank werden, um ein anerkanntes Problem haben zu „dürfen". Ein Mensch, der mit sich im Reinen ist und mit seinen Emotionen lebendig in Verbindung steht, reagiert allerdings viel unmittelbarer und damit viel gesünder auf seine Umgebung und Lebenssituation. Er erkennt seine Lebensumstände und richtet sie durch das Lösen von Blockaden neu aus, um seiner Natur entsprechend zu handeln, entspannt zu sein und gesund, erfolgreich und glücklich zu leben.

> Ist die Ursache einer Thematik im Energiefeld
> bearbeitet, hat das Symptom auf der materiellen
> Ebene seinen Sinn erfüllt und kann verschwinden.

Dies ist eine Kernaussage der heilenergetischen Arbeit, auf die sich die Sinnanalytische Aufstellung gründet. Ohnmachtskapseln können verschiedene Gefühle beinhalten, die allesamt mit einem niedrigen Energieniveau einhergehen und mit dem Gefühl, „nicht Herr der eigenen Lage zu sein" oder „nicht anders zu können"! Die Emotionen und Gefühle werden hier im Buch so ausführlich beschrieben, weil sie die Erklärung für die Wirkung von Sinnanalytische Aufstellungen sind. Die energetische Abtrennung der Emotionen in der Aura wird bei der Aufstellungsarbeit gelöst und integriert, sodass unser Energiefeld harmonisiert wird und infolgedessen auch unser Körper gesundet sowie unsere Lebenssituation sich entspannt.

Trotz

Jeder kennt das Gefühl „Trotz", wenn nicht aus den eigenen Kindertagen, dann doch wenigstens aus der Beobachtung von Kindern. Geht etwas nicht nach dem eigenen Willen, werden Kinder ab einem bestimmten Alter trotzig. Ein Kind das trotzt, fühlt sich in seiner Situation unverstanden, es fühlt sich nicht gesehen, nicht geliebt und abgelehnt.

Trotz gehört zu den Ohnmachten und erzeugt eine sehr hartnäckige und belastende energetische Verkapselung. Es bleibt nicht bei einer leidenden, passiven Ohnmacht, sondern das Gefühl, versagt zu haben oder ungerecht behandelt worden zu sein, wird kompensiert durch Auflehnung und Widerstand. Im Trotz kann man sich selbst und die eigenen Fähigkeiten nicht wirklich einschätzen; es entsteht ein innerer Drang, zu handeln und einen Gegenbeweis anzutreten.

Zum Trotz gehört das typische Bild der vor dem Körper verschränkten Arme, das Sich-Wegdrehen oder das Aufstampfen mit dem Fuß. Das typische Trotzalter beginnt in etwa mit drei Jahren, wenn wir als Kind erkennen, dass wir eine eigene Persönlichkeit haben und nicht immer mit allen Menschen einer Meinung und friedlich verbunden sind. Der Trotz dient der frühen „Selbsterkenntnis", wenn unsere Umgebung jedoch versucht, unseren Trotz zu brechen, über ihn hinweggeht oder sich sogar darüber lustig macht, prägt dies unser Leben nachhaltig; der Trotz bleibt als Blockade in der Aura und wird zu unserer Lebenshaltung.

Ein Beispiel: Hattest du als Kind manchmal das Gefühl, etwas Bestimmtes zu schaffen, aber deine Eltern oder die Lehrer haben dir diese Fähigkeit abgesprochen? Du durftest dein Können nicht unter Beweis stellen und fühltest dich falsch eingeschätzt? Dann hast du dich vielleicht in den Trotz geflüchtet, warst wütend und traurig, weil niemand dich ernst genommen hat. All diese Emotionen sind als Struktur in deinem Energiefeld heute noch erhalten und werden bei jeder Gelegenheit wieder „lebendig". Begegnest du als erwachsener Mensch jemandem, der diese Struktur bei dir stimuliert, dann reagierst du prompt wieder trotzig. Die Haltung dahinter lautet: „Dem werde ich es zeigen!" oder „Wenn ihr wüsstet!"

Der ursächliche kindliche Trotz ist bei Erwachsenen ein Motor für viele Handlungen, wird jedoch nicht als solcher erkannt. Wenn wir aus Trotz handeln, geschieht das nicht aus einer freien Entscheidung, sondern aus einer Kontrahaltung heraus. Wir merken das leider meist zu spät und nennen es dann: „über das Ziel hinaus schießen". In Wahrheit gestalten wir unser Leben aus dem Trotz heraus nicht eigenverantwortlich.

Ein Beispiel dafür: Ein Mann ergreift sogar einen Beruf aus Trotz gegen die Eltern. Die Eltern wünschen sich für den Sohn finanzielle Sicherheit und einen Job, den er in der Nähe des Heimatortes ausüben kann, aber er will lieber als Künstler die Welt erobern. Sie lassen nicht mit sich reden, daher treibt ihn der Trotz in eine extreme Gegenbewegung: Er wird ein Freak. Erst nach Jahren erkennt er seine trotzige Entscheidung und diese Erkenntnis treibt ihn in eine Krise.

Stell dir vor, du willst die Firma deiner Eltern übernehmen, aber so richtig traut es dir fachlich keiner zu. Jetzt beweist du erst einmal allen, dass du es doch kannst, auch wenn du dich dabei aus Trotz überforderst. Alle denkbaren Handlungen können aus Trotz geschehen: Studieren, um etwas beweisen zu wollen, Heiraten gegen den Rat der Eltern, erst recht ein Haus bauen, wenn der Finanzberater abrät, einen Sportwagen kaufen, um den Kumpels zu imponieren, eine Geldanlage zeichnen, obwohl am Horizont eine Finanzkrise auftaucht, eine Geschwindigkeitsbegrenzung missachten, weil man unbedingt überholen will, dem Partner das Frühstück nicht zubereiten, weil er gestern Abend zu spät nach Hause gekommen ist, usw. …

Aus Trotz zu handeln, ist zwar im Augenblick eine kraftvolle Motivation, aber danach fühlen wir uns dann meistens leer und ausgebrannt. Trotzhandlungen in der Jugend werden nicht selten zur Ursache für Lebenskrisen im Alter. Gerade im Fall der Berufswahl sieht es oft so aus, dass der eingeschlagene Weg zwar zunächst einen guten Verdienst einbringt, aber im Laufe der Jahre taucht immer häufiger die Frage nach der eigentlichen Bestimmung auf. Die Ehe mit dem aus Trotz geheirateten Partner läuft eine Zeit lang gut, aber dann macht es sich bemerkbar, dass diese Verbindung gar nicht passend ist, und man trennt sich.

Trotz ist ein in der eigenen Biografie nicht zu unterschätzendes Gefühl: Trotz bildet eine Grundstimmung in uns und führt zu einem ewigen Kampfmodus, denn stets gehört das Gefühl, „gegen etwas sein zu müssen", zum Repertoire unserer Alltagsempfindungen. Wer ständig meint, für oder gegen etwas kämpfen zu müssen, oder von der Grundannahme ausgeht, die gesamte Welt sei „gegen ihn", sollte auf Spurensuche in seiner Kindheit gehen. Wer als Kind nicht ernst genommen wird und trotzig wird, nutzt auch später im Leben den Trotz, um sich zu behaupten und zu beweisen, allerdings bekommt er auch eine Menge Probleme, denn Trotz ist ein kraftraubender Berater!

Wut

Wer kennt es nicht, dass einen die Wut übermannt, wenn man auf der Autobahn unterwegs ist und der Depp vor einem die Bahn blockiert? Oder umgekehrt, wenn der Depp hinter einem drängelt? Wenn wir in unserem Lebensalltag Wutgefühle haben, kommen wir ebenfalls an alte Strukturen und Emotionen: Vielleicht haben wir als Kind gegen unseren Willen Dinge tun müssen oder nicht tun dürfen; wir haben dann resigniert, weil wir unsere Wut nicht zeigen oder ausleben durften. Das Wutgefühl, dass uns als Erwachsene überkommt, ist das Aufwallen der alten Ohnmacht-Energie; sie richtet sich jetzt gegen die Person, die in uns die alte Wut angetriggert hat. Überkommt uns eine Wut, flammt unser Energiefeld für kurze Zeit auf und gerät in heftige Schwingung. In einem sogenannten Wutausbruch kann die Ohnmachtsblase sogar „aufplatzen"; die frei werdende Energie überschwemmt nicht nur uns selbst, sondern auch die Menschen in unserer Umgebung – und bringt diese wiederum in eine Ohnmachtssituation. Ist die Wut dann verflogen, sind wir wieder der netteste Mensch auf Erden und verstehen gar nicht, warum die anderen Angst vor uns haben.

Wut setzt zweifelsfrei zunächst eine Entwicklung in Gang: Wie ein Schmerz auf der körperlichen Ebene wirkt, wirkt die Wut auf der emotionalen Ebene: Sie gibt uns Orientierung und zeigt uns an, welche Menschen und Situationen uns angenehm sind und welche nicht. Müssen wir sie wegdrücken, staut sich die Energie so lange auf, bis sie sich spontan und heftig entlädt, um unser eigenes Wesen zu schützen. Wut ist jedoch in unserer Kultur nicht gern gesehen. Schon im Kindesalter hat man uns das Zeigen der Wut untersagt, die in uns aufgestiegen ist, wenn wir uns nicht gesehen oder ernst genommen fühlten. Wir mussten sie „runterschlucken" und vermeiden, daher wirkt sie lebenslang in unserem Unterbewusstsein als entsprechende Ohnmachtsstruktur weiter.

Ein Beispiel: Du wolltest als Kind dem Onkel, der nach Zigaretten roch, keinen Kuss geben, aber deine Mutter hat darauf bestanden. Du warst wütend und angeekelt, durftest es aber nicht zeigen. Später lösen Raucher vielleicht bei dir diese alte Wut wieder aus, wenn du gerade unter Druck stehst oder dich zu etwas gezwungen siehst – du tobst!

Ein tiefes Wutgefühl hält nur eine kurze Zeit an und geht mit entsprechenden körperlichen Merkmalen einher: Anstieg des Blutdrucks, der Herzfrequenz, der Körpertemperatur, Schwitzen. Unkoordinierte Bewegungen werden ausgeführt, wir schlagen vielleicht auf den Tisch oder gehen verbal aggressiv gegen unsere Umgebung vor. Wut wird durch Erziehung und gesellschaftliche Konvention fast lebenslang gedeckelt, muss zurückgehalten und unterdrückt werden. Wir lernen schon als kleine Kinder, uns zu beherrschen. Dabei baut sich ein innerer emotionaler Druck auf und körperliche Symptome sind sehr wahrscheinlich, denn blockierte Wut-Energie bindet sehr viel Kraft. Wenn wir Wut-Strukturen nicht rechtzeitig erkennen und lösen, richtet sich die blockierte Energie meist gegen uns selbst und wir werden krank. Die Erkrankung zwingt uns letztendlich, unser Leben zu verändern.

> In Sinnanalytischen Aufstellungen werden alte
> Wut-Szenarien sichtbar und können gelöst werden,
> wodurch körperliche Symptome und andere
> Probleme vermieden werden können.

Wut gehört zu der Kategorie der Impulsgefühle, denn sie regt uns zu einer Handlung an, um uns zu wehren. Wird Wut zu lange aufgestaut, entlädt sie sich – ursprünglich eine gesunde Reaktion – am falschen Ort und zur falschen Zeit.

Spüre einmal in dich hinein: Zu welchem Zeitpunkt und bei welchem Ereignis hast du aufgehört, auf deine eigenen Gefühle zu hören? Wenn du jetzt deine alte Wut wieder spürst, setze die Kraft der Wut in eine körperliche Tätigkeit um, ohne sie gegen eine Person zu richten! Jede Art des Austobens – ob Holzhacken oder Porzellan-Zerschmeißen – kann hier hilfreich sein. Leistungssport ist zum Abbau von Wut jedoch nicht sinnvoll, ganz im Gegenteil: Durch die Adrenalinausschüttung wird die Wutblockade in ein Glücksgefühl umgewandelt; die eigentliche Blockade wird dadurch noch verstärkt und das Glücksgefühl täuscht dir eine Lösung vor.

Trauer

Trauer ist ein wichtiges Gefühl, und wenn sie zu einer Ohnmacht wird, lässt sie uns die eigene Endlichkeit fühlen; tatsächlich schwindet in einem trauernden Zustand auch unsere Lebenskraft. Durch Religionen und Traditionen hat die Trauer – in Bezug auf das Sterben – in allen Kulturen der Welt einen festen Rahmen bekommen.

Im Gegensatz zu Wut und Trotz, die für die Umgebung deutlich erlebbar sind, ist die Trauer eine starke nach innen gerichtete Ohnmacht und wird von unseren Mitmenschen oftmals gar nicht bemerkt. Trauer ist mit einem Rückzug in das eigene gefühlte Leid verbunden und geht häufig über in Autoaggression. Im Gegensatz zur Wut, die nach außen explodieren kann, implodiert die Trauer nach innen. Wenn wir Trauer fühlen, nehmen wir die Endlichkeit des Lebens verstärkt wahr und daraus ergeben sich meistens tiefere Sinnfragen: Wozu das alles? Was hat das Leben für einen Sinn?

Trauer entsteht besonders akut beim Verlust einer nahestehenden Person, ist aber auch im Alltag, in Begegnungen und Gesprächen unterschwellig anwesend. Wenn ein anderer Mensch oder ein geliebtes Tier stirbt, wird die Endlichkeit des eigenen Körpers ebenfalls fühlbar: Wir haben Angst vor dem Tod und bilden eine Ohnmacht aus, die uns dermaßen ergreift, dass wir viel weinen oder uns sogar aus dem aktiven Leben zurückziehen.

Aber die Trauer kann auch auf andere Ereignisse und Gegebenheiten des Lebens projiziert werden: Ich kann traurig sein, weil das Wetter schlecht ist, weil das Essen nicht schmeckt, weil die Nachbarin krank ist oder weil ich nicht im Lotto gewonnen habe usw. Trauer richtet sich gegen das Leben als solches, gegen die eigene Unfähigkeit oder Unzulänglichkeit, gegen das Gefühl, nicht zur rechten Zeit am rechten Ort oder überhaupt „nicht richtig" zu sein. Das Leben nicht zu meistern, immer den Kürzeren zu ziehen, nicht geliebt zu werden – auf jeden beliebigen Sachverhalt kann sich Trauer beziehen.

Trauer geht typischerweise mit Weinen und – in der Körpersprache – mit sichtbarem Leidensdruck einher: Die Schultern hängen, das Gesicht ist bleich, die Augen eingefallen usw. Wir sind reduziert auf die Wahrnehmung unserer körperlichen Endlichkeit, unser Energiepegel sinkt innerhalb der Ohnmacht immer mehr ab und damit verschiebt sich die Kraft unseres Bewusstseins und die Klarheit und Qualität unserer Wahrnehmung entsprechend weiter – eine Abwärtsspirale. Unsere Lebenskraft, und damit unsere Wahrnehmung, reicht schließlich gerade noch für uns selbst und für unser schmerzhaft gefühltes Leid des Abgetrenntseins vom Leben.

Trauer ist für viele Menschen ein Teil ihrer alltäglichen Gefühlswelt. Wenn wir eine Trauer – beispielsweise über den Tod eines Menschen oder die Trennung der Eltern – als Kind nicht entsprechend ausdrücken und durchleben konnten oder durften, trübt diese Emotion unter Umständen lebenslang unseren Blick auf unser ganzes Dasein. Aber auch Erwachsene erliegen der Schwere von Trauer, wenn etwa ein Kind bei der Geburt stirbt oder sogar abgetrieben wurde. Dann nimmt die Trauer die Eltern vollkommen in Besitz, sodass die anderen Kinder und das gesamte Familiensystem belastet sind und sich keiner der Betroffenen in der bedrückenden Atmosphäre frei entfalten kann.

Wenn du nun selbst einmal genau in dich hinein spürst: In welchen Situationen bist du traurig? Welche Menschen und Ereignisse regen Trauer in dir an? Gab es in deinem Leben ein tragisches Ereignis, den Tod eines geliebten Menschen oder eines vertrauten Tieres, das du bis heute nicht verarbeiten konntest? Fühle jetzt diese Situation noch einmal, lass alle Empfindungen dabei zu! Es kann sein, dass du weinen musst, doch auch der Schmerz gehört zu dir und ist ein wichtiger Teil deiner Gefühlswelt.

Manchmal empfinden Menschen auch ohne einen äußeren Anlass eine tiefe Lebenstraurigkeit, auf die sie keine Antwort wissen. Dann kann es sein, dass sie ungelöste Themen und unverarbeitete Belastungen aus früheren Generationen „übernommen" haben. Vielleicht gab es einen Selbstmord, jemand ist im Krieg gefallen, ein tragischer Unfall hat sich ereignet oder eine Katstrophe? Nicht selten liegt über solchen schwerwiegenden Ereignissen über Generationen hinweg ein Schweigen, das es unmöglich macht, die eigene Lebenstraurigkeit damit in Verbindung zu bringen; dann wirkt die Ohnmacht im Unterbewusstsein. In solchen Fällen hilft eine Sinnanalytische Aufstellung im Besonderen dabei, alte – uns bisher unbekannte – Familienthemen endgültig loslassen zu können.

Scham

Die Scham ist eine Ohnmachtsstruktur, die sich vor allem aus einer Kombination von Gefühlen ergibt: einerseits nicht ernst genommen zu werden, andererseits mit den eigenen Wahrnehmungen in einer Situation komplett daneben zu liegen, selbst „falsch" zu sein oder sich sonst irgendwie zu irren oder zu vertun. Wir erleben eine schamvolle Ohnmachtssituation als Schwäche gegenüber anderen Menschen; in dieser für uns belastenden Situation erleben wir, dass andere uns verspotten und unsere Situation nicht ernst nehmen. Wir könnten buchstäblich „in den Boden versinken", so tief sinkt unser Energiepegel.

Wenn wir beschämende Erfahrungen in der Kindheit machen, werden wir auch als Erwachsene mit der Scham zu kämpfen haben. Viele Situationen erleben wir dann als peinlich, zumal damit eine Menge körperlich sichtbarer Symptome einhergeht: der rote Kopf, Sprachlosigkeit, Schwitzen, Verkrampfungen, Harndrang usw. Wir entwickeln Fluchtgedanken und empfinden Hass auf andere.

Das Erleben solcher Gefühle dient jedoch leider auch als starkes gesellschaftliches Korrektiv: Unser tägliches Verhalten wird sehr deutlich von dem Gefühl der Scham bestimmt und unsere Wahrnehmung wird verzerrt; insbesondere unser Selbstbewusstsein wird durch Scham auf eine fast nicht heilbare Weise in Mitleidenschaft gezogen, auch wenn uns das gar nicht bewusst ist.

Vielleicht bist du als Kind einmal im Schlafanzug ins Wohnzimmer gekommen; dort saß der Besuch deiner Eltern. Diese Situation erlebtest du als Ohnmacht: Blitzartig schoss es dir durch den Kopf, dass deine Eltern Fremden gegenüber Wert auf halbwegs korrekte Kleidung legen – und in demselben Augenblick machte einer der Gäste eine Bemerkung über dein schlaftrunkenes Aussehen und alle lachten dich aus. Dieses Ereignis ist als Ohnmacht in deiner Aura gespeichert und macht dir in zahlreichen Lebenslagen schwer zu schaffen. Noch heute wirst du rot, wenn du in eine fremde Gruppe Menschen kommst oder du bekommst einen rasenden Puls, wenn auf einer Party gelacht wird und du nicht weißt, worüber.

Scham ist ein individuelles und zutiefst intim empfundenes Gefühl, das zudem für andere Menschen schwer nachzuvollziehen ist und meist auch nicht ernst genommen wird. Jemand, der sich schämt, wird oft genug belächelt, wir haben mit ihm Mitleid und raten ihm deshalb, an seinem Selbstbewusstsein zu arbeiten. Natürlich ist das ein guter und richtiger Ansatz, aber die Thematik der Scham ist eine frühe Prägung, die auf diese Weise nicht sensibel genug beantwortet und als hartnäckige Blockade oft völlig verkannt wird.

In der heilenergetischen Arbeit ist es immer wieder wichtig zu erkennen, wie absolut subjektiv die einzelnen Abläufe in der Biografie des Einzelnen sind, um auch in den Sinnanalytischen Aufstellungen dem individuellen Weg zur Auflösung alter Blockaden gerecht werden zu können.

Überlege genau: In welchen Situationen schämst du dich heute noch? Woher ist dir das Gefühl bekannt? Wie alt warst du, als du dich das erste Mal geschämt hast, kannst du dich erinnern? Welche Person hat dich beschämt? Wie reagiert dein Körper, wenn du dich schämst? Was tust du nicht, weil du dich schämst?

Glaubenssätze

Kaum ein Möbelhaus oder ein Supermarkt bietet sie uns nicht an: die auf alte Blechschilder gedruckten Glaubenssätze. Ja, auch die „guten alten Sprüche" sind Glaubenssätze und wirken sehr massiv auf unser Unterbewusstsein ein. Unendlich viele von ihnen haben wir aufgesaugt und gestalten damit unsere Welt. Aber in Wahrheit sind es Ohnmachten!

Glaubenssätze sind übernommene und nicht durch eigene Erfahrungen untermauerte Meinungen. Lebenssprüche und Weisheiten, die oft als gut gemeinte Ratschläge in Poesiealben landen, gehören genauso zu den Glaubenssätzen wie selbstverständlich von uns übernommene naturwissenschaftlich geprägte Lebensprogramme. Unsere gesamte Realität – manifestiert durch den Einfluss der Wissenschaft – besteht und schöpft sich ständig neu aus Glaubenssätzen. Im Kollektiv – also gemeinsam und übereinstimmend mit den meisten anderen Menschen unserer Umgebung – geben sie uns anscheinend Sicherheit und Orientierung. Wenn Glaubenssätze jedoch unbewusst und unreflektiert auf der individuellen emotionalen Ebene aufgenommen wie weitergegeben werden, wirken sie als starke Beschränkungen und behindern unser persönliches Wachstum.

Weit mehr als nur einmal wurde in meiner Aufstellungspraxis der Glaubenssatz: „Eine Frau braucht keinen Beruf, die steht irgendwann sowieso hinter dem Herd!", als eine sehr markante und wirksame Blockade sichtbar. Überliefert von vorangegangenen Generationen, prägen solche Sprüche noch heute unser Berufsleben. Die Frauen, die in meinen Aufstellungen davon betroffen waren, hatten entweder Schwierigkeiten, einen Beruf zu finden und Geld zu verdienen, oder sie wurden gemobbt und sind wegen des Jobs depressiv geworden.

II – GRUNDLAGEN DER SINNANALYTISCHEN AUFSTELLUNG

Viele unserer individuellen Glaubenssätze haben wir nonverbal von den Eltern, der Verwandtschaft und den Erziehern übernommen. Glaubenssätze wirken als Ohnmachten auf der unbewussten Ebene – wie ein Grundsummen, das man irgendwann nicht mehr bewusst hört. Sie prägen unseren gesamten Lebensausdruck tiefgehend. Wir spüren, dass etwas nicht stimmt, vermuten und wissen es aber nicht genau! Machen wir mehrfach gleiche Erfahrungen, geschieht dies, weil im Untergrund unseres Bewusstseins ein Glaubenssatz wirkt. Er wird wieder und wieder bestätigt, untermauert und es entstehen ganze Weltbilder als Ohnmachtsblockaden. Glaubenssätze sind genau so, wie ihr Name aussagt: einzelne prägnante Sätze, die geglaubt, aber nicht mehr in der einzelnen Situation hinterfragt werden. Glaube ist das Ende der Suche – und damit der Entwicklung. Immer dann, wenn wir etwas glauben, haben wir aufgehört, selbst nach Antworten zu suchen, uns zu entwickeln und uns in jedem Augenblick selbst eine Meinung zu bilden.

Glaubenssätze sind Ohnmachten in unserem Energiefeld, die wir nicht bewusst wahrnehmen können.

Beispiele
→ Der frühe Vogel fängt den Wurm!
→ Wer „A" sagt, muss auch „B" sagen!
→ Gehe in dein Kämmerlein und spüre deinen Schmerz allein!
→ Kleine Kinder – kleine Sorgen, große Kinder – große Sorgen!
→ Ich bin hässlich/anstrengend/ungenügend usw.!
→ Ich habe das falsche Geschlecht!
→ Ich bin zu dumm/zu groß/zu dick usw.!
→ Ich kann nichts/mache alles falsch usw.!
→ Bei dem Schmuddelwetter bekomme ich bestimmt eine Erkältung!
→ Das kommt von den Genen!
→ Ich erbe die Krankheit, die Generationen vor mir schon hatten!

- → Ich kann nichts so gut wie meine Mutter/mein Vater!
- → Ich kann nicht mehr Geld verdienen!
- → Wenn ich ein Kind bekomme, wird mein Körper hässlich und unattraktiv!
- → Kinder sind anstrengend!
- → Männer wollen nur das Eine!
- → Frauen können schlecht einparken!
- → Beamte sind faul!
- → Kunst verdient kein Geld!
- → Geld ist schmutzig/verdirbt den Charakter/stinkt!
- → Andere sind besser/schneller/schöner als ich!
- → Aus mir wird sowieso nichts!
- → Es gibt immer einen Haken an jeder Sache!
- → Dafür bin ich zu alt/das begreife ich nie/das darf ich nicht!
- → Das darf keiner wissen/das ertrage ich nicht/das halte ich nicht durch!
- → Das hat bei mir noch nie geklappt/schaffe ich nie!
- → Das ist viel zu gefährlich/zu unsicher/zu schwierig/zu viel für mich!
- → Das kenne ich schon, das bringt mir nichts!
- → Das Leben ist kein Ponyhof/wird immer ein Kampf sein!
- → Das tut man nicht!
- → Das lerne ich nie/funktioniert nie!
- → Andere reden/denken schlecht über mich!
- → Schuld sind immer die anderen!
- → Für mich interessiert sich doch sowieso niemand!
- → Die Welt ist kein sicherer Ort!
- → Ein Indianer kennt keinen Schmerz!
- → Erst die Arbeit, dann das Vergnügen!
- → Es ist nicht alles Gold, was glänzt!
- → Geld fällt nicht vom Himmel/macht unglücklich!
- → Heute ist nicht mein Tag!
- → Ich bin ein schwerer Fall/einsam/fehl am Platze/feige/immer Letzter/selber schuld!
- → Ich bin kompliziert/machtlos/unfähig/ungeschickt/unwichtig usw.!
- → Ich bin nicht gut genug/nicht liebenswert/nicht beziehungsfähig usw.!
- → Ich brauche eine Beziehung, um glücklich zu sein!
- → Ich brauche mehr Geld/Sicherheit usw.!
- → Ich darf keine Fehler machen/nicht meine Meinung sagen!

→ Ich bin allein/gehöre nicht dazu/gewinne nie usw.!
→ Ich habe nie Glück/nie Zeit/zwei linke Hände/nichts Gutes verdient/immer Pech!
→ Usw. usf.

Ein Beispiel: Deine Eltern hatten diese Überzeugungen: Man muss dort leben, wo man geboren wird; Arbeiterkinder können nicht studieren; das Leben ist hart und entbehrungsreich; Kinder müssen die Eltern im Alter pflegen usw. Du selbst bist davon überzeugt, nur durch viel Arbeit zu Wohlstand zu kommen, für eine leitende Position nicht geeignet zu sein, vor Menschen keine Rede halten zu können, wegen Höhenangst nicht auf eine Trainers steigen zu dürfen usw.

In der Praxis begegnet mir häufig der Glaubenssatz: „Ich bin es nicht wert", der in dem sich entwickelnden kleinen Wesen schon direkt nach der Zeugung im Mutterleib angelegt und gefühlt wurde. Vielleicht kam die Schwangerschaft zu einer unpassenden Zeit und die Mutter lehnte innerlich ihr Kind ab. Dies könnte eine Ursache für eine solche Ohnmachtsblockade darstellen. Dieser prägnante Glaubenssatz kann das Leben eines Menschen tief gehend prägen. Vielleicht kann er infolge dieser Ohnmacht sein Leben lang nicht wirklich erfolgreich und stark werden oder fühlt sich ständig in seinem Umfeld unerwünscht.

Auch zunächst positiv anmutende Glaubenssätze sind und bleiben aus energetischer Sicht Ohnmachten: Du sprichst eine Affirmation[7], beispielsweise „Ich bin schön!" oder „Ich bin glücklich!" oder „Ich bin reich!", fühlst dich aber nicht entsprechend schön, glücklich oder reich, sondern redest es dir nur über deinen Verstand ein. Dies ist eine Ohnmacht und hilft dir in deiner persönlichen Entwicklung nicht weiter. Solange wir eine Affirmation nicht in unserem Herzen fühlen, sind sie nur auswendig gelernt, aufgesetzt und laufen wirkungslos oder frustrierend ins Leere. Hierunter fallen auch Varianten der Methoden „Positives Denken", „NLP", „Hypnose" usw. Wenn

---

7) Bezogen auf individuelle und kollektive Gedanken, Aussagen und Handlungen (hier besonders: Gebete und Mantras) mit durchaus sehr unterschiedlichen Zielen (z. B. Selbstheilung, Erkenntnis, Erleuchtung usw.), werden Affirmationen verstanden als eine bewusst ausgedrückte Haltung (siehe auch: positives Denken), die das System aus sich selbst heraus positiv beeinflusst.

wir uns dabei ertappen, uns etwas „schönzureden", ohne es tief im Innern fühlen zu können, investieren wir gerade viel Energie, eine entwicklungshemmende Ohnmacht aufzubauen.

Wenn unser Leben durch Glaubenssätze „stabilisiert" wird, brauchen wir uns nicht selbst Gedanken über etwas zu machen oder Verantwortung für unsere Gefühle und Handlungen zu übernehmen. Wir leben und erleben, was andere vorher schon für uns gedacht oder geglaubt haben. Und was wir nicht unterschätzen sollten: In der heutigen Zeit schafft die Werbung Tag für Tag viele neue Glaubenssätze! Sie setzt die gewieftesten Psychologen ein, um die Kundschaft auf sehr subtile Art und Weise mit Glaubenssätzen zu versorgen. Keine Frau, die etwas auf sich hält, kann heutzutage unter die Leute treten, ohne die Creme X für den Tag und die Creme Y für die Nacht benutzt zu haben. Schampon, Haarspray, Lippenpflege und Epilier-Set trennen die Spreu vom Weizen. Hygienisch reine Wäsche ist ein Muss und lässt sich am besten durch Waschmittel A erreichen. Bei Kindern sind Markenkleider schon zu Standeszeichen geworden, ohne die man den persönlichen Wert verliert.

Wir werden es also nicht schaffen, auf Glaubenssätze zu verzichten, aber wir können im Alltag kritischer und bedachter sein, um unseren eigenen Gedanken und Empfindungen wieder einen wichtigen Platz zur Orientierung im Leben einzuräumen.

Welcher Poesiealbum-Spruch aus deiner Schulzeit fällt dir jetzt spontan ein? Wie wirkt er sich in deinem Leben heute noch aus? Welchen Glaubenssatz kennst du sonst noch? Prüfe einmal anhand der obigen Liste, welchen Überzeugungen du unbewusst selbst folgst, und versuche herauszufinden, inwiefern diese dein Leben spürbar bestimmen. „Der frühe Vogel fängt den Wurm!" könnte zum Beispiel die Ursache dafür sein, dass du ständig den Zwang verspürst, schnell aus dem Bett zu springen, wenn am Morgen dein Wecker klingelt, obwohl du noch gerne ein wenig schlafen möchtest – sogar am Sonntag. Der Glaubenssatz: „Geld verdirbt den Charakter!", könnte ein Grund dafür sein, dass du Reichtum gedanklich aus deinem Leben völlig ausschließt. Mach dich auf die Suche, es lohnt sich!

Bei Sinnanalytischen Aufstellungen werden Glaubenssätze und ihre blockierende Wirkung meist schnell deutlich sichtbar und können sehr effektiv und nachhaltig außer Kraft gesetzt werden.

Pflicht, Sorge, Schuld und Erwartung

Diese zumeist unangenehmen Gefühle kennt wohl jeder von uns; deren energetische Basis ist im Laufe unserer Kulturgeschichte entstanden und wir müssen sie nicht einfach als gegeben und unveränderbar hinnehmen. Immerhin gestalten sie den Hauptteil unseres täglichen Alltags und haben immense Folgen für unsere Persönlichkeit.

Noch einmal: Unsere Aura ist auf unendlich komplexe Weise mit anderen Energiefeldern verbunden; wir tauschen auf dieser energetischen Ebene – für unseren Verstand nicht direkt merklich – Informationen aus und passen die Frequenzen unserer Energiefelder ständig aneinander an. Wir geben Energie ab oder nehmen Energie auf. Ein Hauptmotor dieses Austauschs liegt in einem unspezifischen Gefühl, das einen Mangel anzeigt.

Eine Form des unbewussten Austauschs von Energie, um einen Mangel zu beheben, ist in der heilenergetischen Anschauung eine sogenannte „Kabelverbindung", gekennzeichnet durch das Gefühl der Erwartung.

Durch eine solche Kabelverbindung schwingt Energie von einer Aura zur anderen Aura. Auf diese Weise sind wir immer und überall mit vielen unserer Mitmenschen „verkabelt", ohne dass einer von uns in sein persönliches Wachstum kommen kann. Niemand behebt damit das eigene Mangelgefühl, ganz im Gegenteil: Der eigene Mangel wird sogar noch deutlicher spürbar! Von dem einen nehmen wir selbst Energie, von einem anderen werden wir selbst „angezapft".

Beispiele: Die schwache Frau spielt ihre Schwäche so geschickt aus, dass der starke Mann ihr gerne hilft. Der Kranke wirkt so Mitleid erregend, dass er von der Krankenschwester bis zu ihrer eigenen Erschöpfung gepflegt wird. Das Kind kreischt so laut, dass die Mutter sich sofort um seine Bedürfnisse kümmert. (In all diesen Fällen geht es mir ausschließlich um den energetischen Gesichtspunkt; die Darstellung ist also ganz wertfrei zu betrachten.)

Um ein solches „Kabel" zu aktivieren, muss in dem Energiefeld ein energetisches „Loch" – ebenfalls ein Begriff aus der Heilenergetik – vorhanden sein. Durch ein Loch kann die eigene Energie abfließen und fremde Energie zufließen. Beide Beteiligte haben solche „Löcher" in ihren Energiefeldern und beim Ineinanderschwingen der Energiefelder finden sich diese Löcher – eine Resonanz entsteht. Sobald eine Resonanz vorhanden ist, setzt das Kabel an und die Energie fließt zwischen den beiden.

> Die meisten Verbindungen zwischen zwei oder mehreren Menschen heißen „Erwartung".

In dem Augenblick, in dem wir eine Erwartung an einen anderen Menschen haben, aktivieren wir den Energiefluss. Wir ziehen dann – per Erwartung – Energie aus seinem Feld ab. Der andere verhält sich so, wie wir es gerne hätten, und erfüllt damit unsere Erwartung. Das heißt, er fühlt sich schuldig, verpflichtet oder macht sich Sorgen. Aus diesen Gefühlen heraus tut er das, was unserer Erwartung entspricht. Diese Erfüllung unserer Erwartung macht ihn jedoch nicht glücklich, sondern er spürt deutlich seinen Energieabfluss als Verlust. Zum Ausgleich holt er sich bei uns oder jemand anderem ebenfalls Energie durch eine eigene Erwartung.

Die entsprechenden Löcher im Energiefeld, an die jemand bei uns mit seiner Erwartung andocken kann, haben wir ebenfalls früh durch Lernen von den Eltern und unserer Umgebung übernommen. Du kennst im menschlichen Zusammenleben sicher selbst nur zu gut die Erwartungen, die an dich gestellt werden, und dein dazugehöriges Gefühl, diese erfüllen zu müssen – entweder empfindest du es als Pflicht oder du machst dir Sorgen oder du fühlst dich schuldig.

Diese Emotionen sind uns allen sehr bekannt, beispielsweise aus einer solchen Szene: Oma hat Geburtstag; das Fest hat in der Familie eine lange Tradition und viele Erwartungen sind damit verknüpft, vor allem, dass alle kommen. Eine andere Erwartung ist, dass jeder ein Geschenk mitbringt, und die nächste Erwartung verlangt, dass alle gut gelaunt sind. Viele weitere Erwartungen schwingen mit: Jeder Besucher hat Erwartungen an die Gastgeberin, sei es hinsichtlich des Essens oder der Dekoration und der Platzzuweisung, sei es an die anderen Gäste hinsichtlich des Verhaltens, der Aufmerksamkeit, der Aufführung eines Sketches oder des Werts der mitgebrachten Geschenke.

Eine riesengroße Ansammlung von Erwartungen sitzt schließlich am Tisch und alle Anwesenden sind energetisch durch ein Netz aus Kabeln miteinander verbunden. Ein Teil der Gäste amüsiert sich bestens und kann sein Energiefeld über die Erwartungen auffüllen, ein anderer Teil langweilt sich, bekommt schlechte Laune, zieht über andere Anwesende her oder wird einfach nur schlapp, weil ihre Energie buchstäblich verloren geht. Einige gehen sehr früh, weil es ihnen nicht gefällt; energetisch betrachtet, sind dies Gäste, denen Energie abgezogen wird. Andere bleiben sehr lange, weil sie sich sehr wohl fühlen; dies sind Gäste, die von den Energieströmen profitieren. Weshalb sollten sie dieses Wohlgefühl auch frühzeitig aufgeben?

Mit den Gästen haben sich beim Ineinanderschwingen der Energiefelder jeweils Resonanzen gebildet. Nach dem Fest sind wahrscheinlich viele Teilnehmer mehr oder weniger enttäuscht; nicht selten hinterlassen solche Feste das Gefühl einer großen Leere, weil viele Beteiligte energetisch ausgesogen werden.

Auf den Punkt gebracht werden die Zusammenhänge bei solchen Anlässen sehr deutlich. Im normalen Alltag funktionieren unsere unausgesprochenen Erwartungen jedoch genauso. Wir sind ständig komplex mit anderen Feldern und Erwartungen verbunden und so – wie Marionetten – miteinander verknüpft; mehr oder weniger unfrei, uns nach unseren eigenen Bedürfnissen auszurichten, erfüllen wir oft grenzenlose Erwartungen anderer und verlieren unsere Lebensenergie.

Betrachten wir noch einmal die Entstehung der energetischen Löcher genauer: Hatten wir eine Pflicht erfüllende, sorgenvolle und schuldbewusste Mutter, sind solche Gefühle auch die Handlungsauslöser in unserem Alltag als Erwachsene. Wir müssen ständig aufräumen, allen stets helfen, zum Fest einen Kuchen backen und freundlich zum leeren Geplauder der Verwandtschaft nicken. Das ist doch als Frau einfach unsere Pflicht! Oder wir sollten uns Sorgen um die Kinder machen, ob sie genügend zu essen haben, um den Mann, ob er die richtige Krawatte im Büro trägt, oder um die Mutter, ob sie den Haushalt im Alter noch alleine schaffen kann. Man kann sich um so gut wie alles ständig Sorgen machen.

Oder wir fühlen uns schuldig, wenn das Kind den Turnbeutel vergisst, wenn der Partner schlechte Laune hat oder wenn es regnet, weil wir den Teller nicht leergegessen haben! Das Gefühl von Schuld kennt jeder mehr oder weniger, weil viele Eltern Schuld bewusst als Erziehungsmittel einsetzen: „Du bist schuld, wenn es der Mama schlecht geht!"; „Du bist schuld, wenn deine Schwester so viel schreit"; „Du bist schuld, wenn du einen Klaps bekommst, bräuchtest dich ja nur anders verhalten!" Grundsätzlich ist man sogar an allem schuld – ein sehr tief verwurzeltes Gefühl, das wir aufgrund unserer langen Tradition der christlichen Urschuld mit uns herumtragen, ob wir nun gläubig sind oder nicht

Grundsätzlich wird in der Heilenergetik klar unterschieden zwischen dem Gefühl der Schuld und der tatsächlichen Verantwortung, die man in seinem Leben trägt. Energetisch gesehen sind wir als Menschen niemals(!) schuldig, weil dieses Gefühl immer eine Blockade darstellt, die wir auflösen können. Aber wir tragen die volle Verantwortung für uns selbst und unser eigenes Verhalten.

Das wird sehr deutlich an einem der vorigen Beispiele: Das Kind ist verantwortlich dafür, dass es laut schreit, aber wenn es der Mutter schlecht geht, trägt diese für ihr „Unwohlsein" selbst die Verantwortung. Wenn sich das Kind an ihrer Stelle schuldig fühlt, liefert es der Mutter Energie, sodass es ihr vielleicht ein wenig besser geht. Dem Kind geht es dafür schlechter, weil sie nicht die Verantwortung für ihr eigenes negatives Gefühl übernimmt. Das Kind passt sein Verhalten an und wird wahrscheinlich nie wieder schreien, weil es dann anderen schlecht geht. Und geht es anderen schlecht, ist das Kind schuld!

Leider sind unsere zwischenmenschlichen Beziehungen tatsächlich auf diese energetische Art zu sehen: Die Energie wird hin- und hergezogen, aber niemand wird „satt". Wir können aber auch aus unserem eigenen Herzen heraus und erwartungsfrei mit jemandem verbunden sein – einfach aus Liebe zu diesem Menschen. Wir können jeden von Herzen so annehmen, wie er ist, und keinerlei Erwartung an ihn haben. Das macht ihn und uns selbst ebenfalls frei. Wir werden dann niemals etwas tun, was den faden Nachgeschmack einer Enttäuschung hat, denn das geschieht nur, wenn Erwartungen nicht erfüllt werden.

Diese Zusammenhänge zu erkennen und sich daraus aktiv zu lösen, ist ein gesunder und kraftvoller Weg, das eigene Leben zu gestalten. Frage dich einmal selbst: „Welche Gefühle der Pflicht, Sorge, Schuld und Erwartung kenne ich in meinem Alltag? Welche Erwartungen erfülle ich und von wem erwarte ich etwas?" Notiere am besten deine Antworten schriftlich und lege fest, welche der Gefühle du in Zukunft nicht mehr fühlen möchtest und in welchen Situationen und Beziehungen du mit deiner Lebensenergie achtsamer umgehen willst!

Die energetischen Verstrickungen von Pflicht, Sorge, Schuld und den unendlich vielen Erwartungen werden in Sinnanalytischen Aufstellungen immer wieder sichtbar, insbesondere deren komplexe soziale Auswirkungen im zwischenmenschlichen Miteinander. Der Einzelne kann sich diesem kollektiven Wirken kaum aus eigener Kraft entziehen, daher helfen die Aufstellungsszenarien vor allem, überhaupt zu erkennen und zu verstehen, wie und mit wem man über Kabel verbunden ist und wie die Energie zu- und abfließt. Um wirksame Veränderungen vorzunehmen, können solche Kabelverbindungen im Aufstellungsprozess gelöst werden.

Angst

Angst ist ein bekanntes und lebensnotwendiges Basisgefühl bei jedem Menschen. Soweit Angst der Erhaltung der physischen Gesundheit und der körperlichen Unversehrtheit dient, ist sie ein sinnvoller und wichtiger Hinweisgeber – ein Auslöser für unser Fluchtverhalten oder unsere Vorsicht im Alltag, um Tod, Verletzung und Schmerz zu vermeiden. Das funktioniert deshalb, weil wir schmerzliche Erfahrungen machen, im Zuge derer wir in irgendeiner – zunächst körperlichen – Art Schaden erleiden. Als Reaktion darauf wollen wir diesen Zustand oder dieses Verhalten beim nächsten Mal vermeiden. Wenn wir wieder in die gleiche Situation kommen, ergreifen wir die Flucht, rufen um Hilfe oder nutzen eine andere Vermeidungsstrategie. Das Basisgefühl „Angst" bezieht sich immer darauf, den Körper zu schützen und zu erhalten; letztlich ist jede Angst eine Angst vor dem Tod.

Wie bei allen anderen Basisgefühlen können wir auch in Bezug auf Angst eine belastende und kräftezehrende Entwicklung unserer Zivilisation erkennen: Unser energetisch-geistiger Aspekt – die Aura – kennt zunächst keine Angst, denn unser Bewusstsein fühlt sich mit allem verbunden und durch nichts nicht bedroht. Unser Körper hingegen fühlt Angst und Bedrohung, wenn wir uns „geistfrei" bloß als Körper betrachten. Da wir uns aufgrund unserer materiellen Weltbilder immer weniger oder sogar überhaupt nicht in einer Einheit und Symbiose von Körper und Geist erleben, dehnen sich unsere Ängste in unserem Leben immer weiter aus. Einfacher gesagt: Weil wir unsere Spiritualität nicht beachten und leben, haben wir unverhältnismäßig viel Angst.

Angst hat in unserem zivilisierten Leben inzwischen viel Platz eingenommen. Solange der Mensch vor wilden Tieren flüchten musste, um sein Leben zu retten, war Angst angebracht und führte zur sofortigen lebensrettenden Reaktion. Allerdings haben wir heutzutage vor allem und jedem Angst: vor dem Zahnarzt, vor dem cholerischen Chef oder vor dem Flug nach New York. Wir malen uns in Gedanken alle möglichen Szenarien aus, denen wir zum Opfer fallen könnten. Dann passiert Folgendes: Der Körper stellt den Hormonhaushalt und die Muskelspannungen auf Flucht ein, aber wir zwingen uns zur Ruhe und nehmen die unangenehme Situation in Kauf. Kein Wunder, dass unser Körper verspannt ist und die Hormone verrücktspielen – im Kopf bleibt die Angst aktiv!

Angst ist also nur dann sinnvoll, wenn wir sie situativ als hilfreiche Orientierung nutzen, um unverzüglich handeln zu können. Sie ist jedoch sofort problematisch, wenn zwischen den Auslöser und die angezeigte Handlung eine Vielzahl sinnloser Gedanken treten. Unsere aus den alten Erfahrungen und Emotionen gefütterten Gedanken blockieren unser Reaktionsvermögen – das direkte Impulsgefühl aufgrund von Angst – und erzeugen wilde spekulative Ablaufszenarien, die mit der Realität nichts zu tun haben. Wie bereits in den vorangegangenen Kapiteln beschrieben, entwickeln sich aus dem sinnvollen Basisgefühl „Angst" erst in Kombination mit emotional aufgeladenen Gedanken blockierende Strukturen.

Ängste als Emotionen entstehen in unseren Vorstellungen und Fantasien als reine Gedankengebilde und „fressen" sozusagen unsere Lebensenergie. Sie sind aber letztlich nur bunte Geschichten, die sich aus gehörten und selbst gemachten Erfahrungen zusammensetzen, die absolut individuell und ausschließlich für uns alleine gültig sind. Kein anderer Mensch kann eine Angst so fühlen wie wir selbst. Kein Mensch hat vor denselben Dingen Angst wie wir. Wenn wir sagen, dass wir vor etwas Angst haben, werden wir daher von anderen Menschen oft nicht verstanden.

> Angstblockaden setzen sich ausschließlich aus unseren eigenen Erfahrungen, den dazu entwickelten Gedanken und Fantasien und unserem geschwächten Energiefeld der Aura zusammen.

Die Angst ist meist ein ständiger Begleiter; immer dann, wenn jemandem das Vertrauen fehlt, rutscht er in seine Angstblockade. Angstgeprägte Bilder und Horrorszenarien füllen unbewusst einen großen Teil des Alltags vieler Menschen. Die ursprüngliche Frage der Angst lautet immer: Aber was ist, wenn ...?

Reihenfolge der gedanklichen Abläufe
→ Wir haben kein Vertrauen.
→ Wir verlassen uns nicht auf unsere eigene Wahrnehmung.
→ Wir verlassen uns nicht auf unsere eigene Kraft.
→ Wir trauen uns nichts zu!
→ Wir haben Angst.

Ein paar Beispiele

Du siehst einen neuartigen Parkautomaten. Du kennst die Technik nicht, du willst dich nicht blamieren und scheust dich, ihn auszuprobieren. Du malst dir in Gedanken aus, wie du im Parkhaus vor der verschlossenen Schranke stehst und hinter dir die hupenden Autos warten. Du traust dir die Benutzung nicht zu und hast deshalb auch in Zukunft Angst, ein Parkhaus zu benutzen.

Als Kind wolltest du auf einer Mauer balancieren. Dein Wunsch allein war schon ausreichend, dass du dir das Balancieren zutrautest. Du sahst die Mauer, die Höhe, die Breite und stelltest dich selbst vor eine Aufgabe, die du bewältigen wolltest. Dieser normale Ablauf fällt unter den Begriff „Lernen". Deine Mutter als Erwachsene, mit all ihren negativen Emotionen und angstvollen Erfahrungen, „machte" dir jedoch Angst und hielt dich davon ab. Sie hinderte dich daran, Selbstvertrauen zu entwickeln und deine Kräfte zu entfalten.

Du kennst sicherlich auch noch die Aussprüche deiner Eltern und Erzieher: „Dafür bist du noch zu klein"; „Das kannst du noch nicht, du fällst runter und tust dir weh." Weißt du noch, wie das als Kind auf dich gewirkt hat?

Viele Menschen probieren dann auch später im Leben nichts Neues mehr aus, trauen sich nichts mehr zu. Das größte Problem ist: Wir trauen uns selbst die Entscheidung nicht mehr zu, ob wir uns etwas trauen können oder nicht. Wir haben nicht die Fähigkeit zur gesunden Selbsteinschätzung gelernt, keine Wahrnehmung unseres Potenzials ausgebildet und hören eher auf andere Menschen, die angeblich mehr, wenn auch angstorientierte Erfahrungen haben. Wir haben weder Vertrauen ins Leben noch in uns selbst; schließlich wächst unsere Angst zu einem unfassbaren Scheinriesen heran und es entsteht eine Angst vor der Angst, und wir sind mit unserem Problem obendrein allein – nicht weil wir der einzige Mensch sind, der Angst hat, sondern weil alle Menschen so viel Angst haben, dass sie ungern daran erinnert werden wollen. In der heutigen Zeit ist es fast unmöglich geworden, mit anderen über Ängste zu reden.

> Ängste tauchen immer dann auf, wenn uns
> Vertrauen fehlt. Umgekehrt: Haben wir Vertrauen,
> brauchen wir keine Angst zu haben, dann wissen
> wir, dass alles immer genau richtig für uns ist.

Die energetischen Dimensionen von Angst und Furcht werden in Sinnanalytischen Aufstellungen schnell überdeutlich, insbesondere deren komplexe mentale Struktur der Gedanken. Gerade weil Angst im gesellschaftlichen Leben tabuisiert wird, helfen Aufstellungen dabei, Ängste zu erkennen, auszusprechen und Angstblockaden zu lösen.

Lüge

Stell dir kurz vor, du hättest vor einer Situation Angst, du willst es dir aber nicht eingestehen oder die Angst nicht fühlen, weil es unangenehm und nicht attraktiv ist, Angst zu haben. Aus einer alltäglichen angstvollen Situation entsteht sehr schnell eine Lüge, wobei der Begriff „Angst" in diesem Zusammenhang sehr komplex zu verstehen und wie der Begriff „Lüge" auf keinen Fall moralisch zu werten ist. Strukturen in der Aura sind immer(!) wertfrei die Folge unserer kulturellen Erziehungsmuster, die immer(!) dazu dienen, einen Anstoß für die persönliche Entwicklung zu bieten.

Beispiele: Du hast die Schokolade deiner Schwester aufgegessen und als du gefragt wirst, ob du es warst, leugnest du es aus Angst vor den Folgen. Du warst mit einer hübschen Dame verabredet, sie kam aber nicht. Als ein Freund dich nach dem Ablauf des Rendezvous fragt, erfindest du eine Geschichte, weil du Angst hast, von deinem Freund ausgelacht zu werden. Du hast einen mündlichen Kaufvertrag geschlossen und als es zur Lieferung kommen soll, behauptest du, nie etwas gekauft zu haben, weil du Angst vor der Bezahlung des Kaufpreises hast. Du besuchst deine Mutter an Weihnachten nicht, weil du lieber mit Freunden feiern willst, und deiner Mutter erzählst du eine wichtige Ausrede, weil du das Jammern der alten Dame nicht ertragen kannst. Du fühlst dich schmerzlich allein, aber du traust dich nicht, dich wieder auf einen Mann einzulassen. Du legst dir einen Hund zu und redest dir selbst ein, ohne Partner besser leben zu können.

Die Situation, die uns Angst macht, wird durch unsere Gedanken verdreht. Die Realität wird anders dargestellt, als sie ist. Es geht beim Lügen um die bewusste Verdrehung der eigenen Realität, weil wir Angst vor den eigenen Gefühlen haben. Im Alltag nutzen wir diese Verdrehungen sehr oft: Wir verdrehen den Ablauf, um bei anderen besser dazustehen, um einen finanziellen Vorteil zu haben, um einen Mitbewerber zu übertreffen, um einen Erfolg zu erzielen oder um uns vor Angriffen und Beurteilungen anderer zu „schützen". Vor allem belügen wir uns häufig selbst; wir wollen manche Sachverhalte selbst anders wahrnehmen und verdrehen sie, damit sie besser in das Bild unserer Selbsteinschätzung hineinpassen.

Menschen, die an unserer Lüge teilhaben oder über die wir Lügen erzählen, sind in die energetische Struktur der Lüge mitverwickelt. Dies gilt selbst dann, wenn andere von dieser Lüge nichts wissen! Dies ist ein Phänomen, auf das wir bei Sinnanalytischen Aufstellungen immer wieder stoßen.

> Eine Lüge schafft Abhängigkeiten zwischen allen Beteiligten und verhindert eine Veränderung.

Eine Lüge hat unberechenbare Auswirkungen und meistens ziehen Lügen weitere Lügen nach sich. Haben wir einmal gelogen, ist der Ausstieg aus der Verdrehung nicht einfach. Meist muss die erste Lüge von neuen Lügen untermauert werden. Häufig sieht sich ein Mensch sogar durch einen anderen Menschen oder durch die Verhältnisse geradezu gezwungen, zu lügen: Der Sohn erzählt der ängstlichen Mutter, er verbringe seinen Urlaub bei Freunden im Nachbarort, denn er will vermeiden, dass sie Angst hat, wenn sie erfährt, dass er nach Australien fliegt. Der zu spät gekommene

Angestellte erzählt dem Chef, die Bundesbahn habe Verspätung gehabt, weil er den Wutanfall des cholerischen Vorgesetzten fürchtet, wenn er erfährt, dass der Mann verschlafen hat. Die untreue Ehefrau erzählt dem Ehemann, sie sei mit einer Freundin im Kino gewesen, weil sie fürchtet, dass der Ehemann die Scheidung einreicht usw.

Familiensysteme sind oft durch Lügen belastet: heimliche Schwangerschaften; frühere Partner, die eines gewaltsamen Todes gestorben sind; Abtreibungen; Geschwister, die zur Adoption freigegeben wurden; Kinder, die früh gestorben sind usw. Wird in den Familien über solche Vorfälle nicht gesprochen, hält die Lüge die Familie über Generationen energetisch zusammen. Dies kann zu schwerwiegenden Blockaden im Familiensystem führen, die mit der ursprünglichen Lüge nicht mehr bewusst in Zusammenhang gebracht werden. So ist es nicht selten der Fall, dass verschwiegene Kinder in der Generation der Urgroßeltern zu Kinderlosigkeit bei den Urenkeln führen. Es kann die Heldengeschichte über den Opa im Krieg zum Versagen des Enkels im Beruf führen oder die Hungerzeiten der Kriegsgeneration zu Essstörungen bei den nachfolgenden Generationen. In Sinnanalytischen Aufstellungen können solche Zusammenhänge erkannt und effektiv gelöst und bearbeitet werden.

Das Zurückkommen des Täters zum Tatort ist übrigens ebenfalls eine Auswirkung der Lügenstruktur; das zeigt, wie stark die energetische Bindung auf der materiellen Ebene wirkt.

In unserer Kultur ist das Lügen ein Teil des normalen Umgangs geworden und wird durchaus als alltagstauglich betrachtet. Ich verwende deshalb lieber den Begriff „Lügender", weil durch den üblicheren Begriff „Lügner" wegen seiner moralischen Belastung all die gesellschaftlichen Bewertungen und Strukturen mitschwingen würden. Eine Lüge im energetischen Sinne ist dagegen wertfrei und nicht mit den Definitionen aus Moral und Gesetz zu betrachten. Eine Lüge ist nicht moralisch verwerflich, sondern gehört zu unserer Entwicklung; sie ist eine Struktur im Energiefeld, die sich aus den Abläufen des Alltags ergeben hat. Diese Struktur bindet Energie; erst wenn dieser Vorgang verstanden wird, kann die gebundene Energie wieder frei schwingen.

Sucht

Häufig haben wir das Gefühl, dieses Leben nicht mehr aus eigener Kraft bewältigen zu können, weil wir den Ansprüchen der Umgebung nicht gerecht werden können. Wir beschäftigen uns im Alltag ausschließlich mit Lebensinhalten und nie mit geistigen, spirituellen Themen. Obendrein sind wir meist Verlierer in dem immerwährenden Austausch von Energie durch Kabelverbindungen. Unsere Lebensenergie ist früher oder später so weit reduziert, dass wir unter Ängsten und den daraus folgenden Lügen zusammenbrechen; es kommt es zu einem emotionalen Burn-out. Wir suchen dann bewusst oder unbewusst nach Möglichkeiten und Mitteln, die uns bei der Lebensbewältigung helfen, und landen nicht selten in einer Sucht.

Der Begriff „Sucht" kommt von „suchen" – wir suchen nach uns selbst, nach unserem Sinn, nach unserer Bestimmung und werden auf diesem Weg fündig: Ersatzstoffe oder kompensierende Verhaltensweisen, die uns jedoch leider nicht wirklich erfüllen können.

Alles, was wir kennen – Drogen, Ernährung, Tätigkeiten und zwischenmenschliche Beziehungen –, kann zu einer Sucht führen. Eine Sucht definiert sich darüber, dass wir meinen, ohne dieses Verhalten oder jenen Stoff nicht mehr leben zu können. Wir geben die Eigenverantwortung ab an den Stoff oder das Verhalten, wenn wir der Sucht nachgeben.

Ablauf einer Suchtentwicklung
- Wir erfüllen ständig die Erwartungen anderer oder versagen; wir haben Erwartungen, die nicht erfüllt werden. (Kabelverbindungen und Löcher)
- Man traut uns nichts zu; wir trauen uns selbst nichts zu. (Ohnmacht)
- Wir vertrauen nicht auf unsere eigene Entscheidungsfähigkeit und lassen andere entscheiden. (Energieniveau der Aura sinkt)
- Wir spüren unsere eigenen Bedürfnisse nicht und orientieren uns an anderen. (Energiepegel sinkt weiter)
- Wir verlieren uns selbst hinter allen Anpassungen an unsere Umgebung und werden den Ansprüchen, die an uns gestellt sind, nicht gerecht. (Angströhre)

→ Wir verhalten uns nach außen, als wären wir tough und jeder Situation gewachsen. (Lüge)
→ Wir finden einen Weg, der uns die ganzen unangenehmen Gefühle vermeintlich nimmt oder uns die schlechten Gefühle der Minderwertigkeit nicht fühlen lässt. (Sucht)

Sucht bedeutet, scheinbar etwas ganz Bestimmtes zu brauchen, weil unsere Emotionen keine Ruhe geben und immer wieder an die Oberfläche drängen. Für die Flucht vor unseren Emotionen – der Vergangenheit – greifen wir zu Hilfsmitteln, um unsere Niedergeschlagenheit und die negativen Gefühle nicht mehr fühlen zu müssen. Hier bieten sich Rauschmittel wie Alkohol, Nikotin, Drogen und Medikamente an, wie z. B. Schlafmittel und Antidepressiva. Eine andere Maßnahme ist, sich in Arbeit und Aktivität zu stürzen; beispielsweise suchen wir nach Möglichkeiten, anderen um jeden Preis zu helfen, um uns selbst nicht mehr wahrzunehmen. Wir sprechen dann vom sogenannten „Helfersyndrom" oder von „Workaholic". Jemand wird zum Stalker, ein anderer verharrt süchtig in einer längst beendeten Beziehung, ein nächster wird ständig krank, um Zuwendung und Aufmerksamkeit zu bekommen. Ein probates und oft gewähltes Mittel ist die Kontrollsucht. Ein kontrollsüchtiger Mensch kaschiert seinen Mangel an Vertrauen, dass das Leben es richtig mit ihm meint. Er wittert ständig Bedrohung oder etwa, dass alles „aus dem Ruder laufen" könnte, wenn er es nicht kontrolliert.

Möglichkeiten der Sucht gibt es so viele, wie es Menschen gibt, und keine der Süchte ist besser oder schlechter. Kinder werden oft schon in jungen Jahren mit Sucht konfrontiert: Da sie oft in ihrer zu erwachsenen Welt nicht gut zurechtkommen, beschäftigen sie sich mit Computerspielen und vertiefen sich so sehr in die virtuelle Welt, dass sie sich selbst nicht mehr spüren – Workaholic im Kleinformat. Ein weiteres Problemthema im Kindesalter sind Beruhigungsmittel bei Verhaltensauffälligkeit. Die medizinischen Hintergründe stehen hier nicht zur Debatte, aber energetisch betrachtet wirken diese Mittel schwingungshemmend. Das Energiefeld wird durch ein Medikament verlangsamt und die Kinder bekommen sehr früh vermittelt, dass sie so, wie sie sind, „falsch" sind für die Gesellschaft. Die Grundlage für späteres Suchtverhalten ist damit gelegt.

Bei einer Sucht werden alle unangenehmen Emotionen, die sich angesammelt haben, weggedrückt. Die Verantwortung für das eigene Leben, für die eigenen Gefühle und für das Handeln wird abgegeben an einen Suchtstoff. Frage dich selbst: Welche Handlung kann ich mir nicht ohne ein bestimmtes Mittel vorstellen, um sie ausführen zu können? Welches Verhalten muss ich regelmäßig praktizieren? Bin ich in meinen Handlungen frei oder muss ich immer alles zwanghaft kontrollieren? Versuche in kleinen Schritten, deine Sucht zu wandeln, indem du genau herausfindest, wonach du in diesem Augenblick in Wahrheit suchst!

Löcher, Ohnmachten, Ängste und Lügen sind in unserer Aura die energetischen Grundlagen und Ursachen für eine Sucht. In einer Sinnanalytischen Aufstellung kann das Gefühlskonglomerat von außen betrachtet und die Einzelteile verstanden und gelöst werden. So kommt man schnell ein Stückchen weiter auf der Suche nach sich selbst und wird wieder Herr der eigenen Lage.

Dünkel und Selbstmitleid

Wir kennen das Gefühl, anderen überlegen oder unterlegen zu sein, uns selbst besser oder schlechter als jemand anderes zu fühlen; das dient der Orientierung und Selbsteinschätzung. Sind wir gut? Sehen wir attraktiv aus? Sind wir schlanker als die Tischnachbarin? Können wir eine Aufgabe besser erledigen als unser Kollege oder Mitbewerber? Diese Art, sich zu orientieren, kennen wir seit unserer Kindheit. Wir haben gelernt, uns von klein auf so zu verhalten, dass unsere Mutter gelächelt hat; dies war bereits als Baby unser Hauptziel. Unser ganzes Leben richten wir danach aus, uns so zu verhalten, dass wir anerkannt und geliebt werden – und uns alle anlächeln.

Wir streben als Mensch immer danach, uns so an die Umgebung anzupassen, dass wir möglichst viel Bestätigung erhalten. Wir wünschen uns nichts mehr, als endlich gesehen und erkannt zu werden als die, die wir sind. Es hat unserer Erfahrung nach jedoch leider nie ausgereicht, einfach nur so zu sein, wie wir geschaffen wurden. Wir mussten uns anpassen, zurückstecken, uns umstellen, uns im Vergleich bewähren und lernen, unerwünschte Verhaltensweisen zu unterlassen. Dieses Muster zieht sich durch unser gesamtes Leben und führt dazu, dass wir unser eigenes Wesen immer mehr verleugnen. Da wir nie gelernt haben, uns selbst und unsere Gefühle wahr und ernst zu nehmen, haben wir kein Selbstwertgefühl entwickeln können. Unser gefühlter Selbstwert beruht auf dem Vergleich mit anderen; er entsteht nicht aus unserem tiefsten inneren Wesenskern.

Der Mensch fühlt sich überlegen, wenn er bei einem Vergleich gut abschneidet. Er fühlt sich entsprechend elend, wenn er im Vergleich schlecht abschneidet, verliert oder nicht beachtet wird. Dieses Wechselspiel der Gefühle heißt „Dünkel und Selbstmitleid" und tritt immer in zeitlichem und inhaltlichem Zusammenhang auf. Stellen wir uns im Dünkel über einen Menschen und fühlen wir uns besser, wirken wir auf den anderen arrogant oder herablassend. Der andere fühlt sich entsprechend unterlegen und empfindet Selbstmitleid wegen seines Versagens.

Die Verbindungen der Menschen untereinander über das Wechselspiel von Dünkel und Selbstmitleid sind sehr umfassend. Dieses Wechselspiel ist eine Triebfeder für die Entwicklung des Menschen im Umgang mit anderen Menschen; zwischen uns Menschen wird viel Energie hin- und hergeschoben. Durch eine Veränderung der Thematik können sich Dünkel und Selbstmitleid jedoch jeweils auch umkehren – die beiden Gefühle wechseln oft blitzartig.

Beispiele: Gerade noch hat die Mutter gesagt, wie toll ich bin, wie gut ich mich in der Schule mache, und ich bilde mir so richtig was auf meine Leistung ein, schon kommt die Schwester, die in Mathe eine Eins geschrieben hat, und ich fühle mich hundeelend. Da ich mich jedoch körperlich stärker fühle, remple ich sie gegen die Küchentür. Sie ruft die Mutter zu Hilfe, die mit mir schimpft. Mein Selbstmitleid schwelt dann eine Weile, bis mir eine Situation begegnet, die ich zu meinen Gunsten ausnutzen kann.

Gerade noch hat mein Mann mir Blumen geschenkt – und ich denke: So gut hätte es meine Freundin auch mal gerne ... –, da dreht er sich schon nach der Nachbarin um und flötet ihr ein Kompliment zu. Ich weise sie dezent auf die Laufmasche an ihrem rechten Bein hin, worauf sie mich keines Blickes würdigt, sondern meinen Mann anlächelt.

In dem Wechselspiel von Dünkel und Selbstmitleid offenbart sich ein Grundproblem: Wir durften nie lernen, dass unser eigentliches Wesen einen geistigen Ursprung in der Fülle hat – und unantastbar ist! Wir können zwar körperlich und emotional viel Leid und Beschränkung erfahren, aber innerlich existiert in uns ein Kern, den wir nicht infrage stellen können und dürfen. Da wir jedoch diesen Kern als unser spirituelles Zentrum in uns nie spüren durften, stellen wir bei Bewertungen und sachlicher Kritik unsere gesamte Person und Existenz infrage; wir fühlen die Seite des Selbstmitleids extrem. Um dies abzumildern oder zu verhindern, beginnen wir, andere Menschen abzuwerten und ziehen daraus Energie. Auf diese Weise kommt das immerwährende Wechselspiel von Dünkel und Selbstmitleid in Gang.

Kennst du das Empfinden, schlechter als alle anderen zu sein und emotional in ein Loch zu rutschen? Kennst du das Empfinden, beim Einkaufsbummel jede andere Person geringschätzend zu betrachten und – gemessen an Äußerlichkeiten – abzuwerten? Das sind Selbstmitleid und Dünkel, die dir statt eines gesunden Selbstbewusstseins die vermeintliche Bestätigung durch den Vergleich vorspielen. Achte in deinem Leben darauf, wer diese beiden Gefühle bei dir auslöst und dich dazu bringt, so oder so über andere zu denken bzw. sie zu behandeln. Sage dir selbst in diesem Moment: Ich bin okay, so, wie ich bin!

Eine Sinnanalytische Aufstellung macht diese bei uns sehr häufig vorkommende Struktur offensichtlich; im Prozess kann die eigentliche Ursache dafür schnell gelöst werden.

Traditionen

Bei Traditionen handelt es sich um die Weitergabe von Verhalten und sogenannten „ungeschrieben Gesetzen" von einer Generation an die nächste. Traditionen bilden am Ende eine Kultur und bestimmen, wie sich diese weiterentwickeln kann. Traditionen helfen auch, sich von anderen Kulturen zu unterscheiden und abzugrenzen. In früherer Zeit waren auch wir in unserer westlichen Kultur sehr traditionsgeprägt – und sind es in vielen ländlichen Gebieten bis heute. Tradition wird hochgehalten, geht aber immer auf Kosten der individuellen Entwicklung. Der Einzelne kann seinen Bedürfnissen und Potenzialen nicht folgen, ohne gegen Traditionen zu verstoßen. Hierzu kennen wir zahlreiche Beispiele aus unserer eigenen Kultur und kulturell nahestehenden Kulturen.

Wenn wir von Traditionen sprechen, beginnen die Sätze oft mit dem verallgemeinernden Wörtchen „man": Man verhält sich so und so. Man tut …! Man sollte …! Wenn auch Traditionen ihre Berechtigung haben, so bedeuten sie heutzutage für den Einzelnen doch eher eine große Belastung und Einschränkung. Früher wurde die Berufswahl von den Eltern getroffen; man hat die Firma der Eltern übernommen, ohne viel zu hinterfragen. Das passt für die meisten Menschen heute nicht mehr. Früher hat man einen Partner gesucht und sich das Versprechen gegeben: „… bis dass der Tod uns scheidet." Auch das ist nun unzeitgemäß; es gibt viele neue Formen des Zusammenlebens und jeder ist gefragt, für sich selbst zu entscheiden, was genau für ihn stimmig ist. Früher hat man seine Eltern gepflegt, wenn sie alt und gebrechlich wurden. Das passt heute für viele Menschen nicht mehr in ihre Lebensplanung und die Gesellschaft findet neue Wege, die wegbrechenden Gewohnheiten aufzufangen.

Das sind nur ein paar wenige Beispiele aus dem Alltag, jedoch reichen Traditionen noch viel weiter in unser individuelles Leben hinein, als es uns auf den ersten Blick bewusst ist. Viele Menschen empfinden die Traditionen als belastend und wollen ihnen nicht mehr folgen, weil sie sich ein anderes, individuell ausgerichtetes, traditionsloses Leben vorstellen.

So sind Traditionen ein sehr komplexes und für die Sinnanalytische Aufstellung bedeutendes Thema, denn wir haben alle möglichen energetischen Blockaden von unseren Vorfahren übernommen und geben sie ungefragt an unsere Kinder und Nachfahren weiter. Diese Blockaden dienen immer dazu, uns in das gängige Moral-, Gesellschafts- oder Familiensystem einzufügen – auf Kosten unserer eigenen Lebenskraft. In früheren Zeiten waren Traditionen wichtig, um im Leben Halt und Orientierung zu haben, wir sind aber heute nicht mehr bereit, für irgendein System unsere Individualität zu opfern. Traditionelle Vorgaben und Rituale stehen uns dabei im Weg; sie halten uns zurück und setzen uns durch Moral, Sorge, Pflicht- und Schuldgefühle eine Grenze vor unsere persönliche Entfaltungsfreiheit.

In den Aufstellungsprozessen kommen Traditionen oft als schwächende Konstrukte auf der individuellen und kollektiven Ebene zum Vorschein und können durchaus erfolgreich – und vor allem nachhaltig – gelöst werden.

Zu den Blockaden, die durch Traditionen entstehen, zähle ich auch die bis in die Intimsphäre hineinreichenden energetischen Wirkungen religiöser Glaubenssätze[8] und nachhaltig prägende rituelle Handlungen oder Sakramente.

Rollen

Wir lernen im Leben schon früh, uns grundsätzlich unserer Familie, unserer Kultur und unserer Umgebung anzupassen und uns entsprechend zu verhalten. Traditionen geben uns dabei für unseren Alltag ein enges Gerüst vor, in dem wir uns nur bedingt frei bewegen können. So werden wir erwachsen und beginnen, unser eigenes Leben aus dem Erlernten heraus zu gestalten und es auf Emotionen und Erfahrungen unserer Kindheit aufzubauen.

Bisher haben wir hier im Buch sämtliche im menschlichen Energiefeld vorkommenden Blockaden im Einzelnen kennengelernt; sie bilden in unserer Aura komplexe Strukturen:

> Mehrere Einzelblockaden bilden einen Komplex
> und werden in Form einer Ohnmacht als
> zusammengefasste Struktur fixiert.

Eine solche definierte Zusammenballung von Einzelblockaden bildet eine in der Heilenergetik so verstandene „Rolle"; sie bestimmt unsere augen-

---

8) Vgl.: „Unchurch now: Befreiung aus der kirchlichen Matrix und anderen Abhängigkeiten" (Kurt Meier, Reinklang 2015)

blickliche Verhaltensweise und wir nehmen zahlreiche Varianten dieser Rolle – ständig wechselnd – in unserem täglichen Leben ein und „spielen" sie.

Beispiel: Wir haben vielleicht als Kind gelernt, bei bestimmten Reaktionen der Mutter Angst zu haben und – aus einem Schuldgefühl heraus – ihr schnell einen Kaffee zu kochen sowie anschließend möglichst leise die Küche aufzuräumen, damit sie sich nicht aufregt. Dieses Verhaltensmuster könnte die ursächliche Blockade für unsere Rolle als Tochter sein. Immer, wenn wir in die Rolle der Tochter rutschen, laufen ähnliche Muster ab – ganz gleich, wie alt wir sind. Oder: Vielleicht hat der Opa uns immer Geld gegeben, wenn wir ganz besonders still saßen am Tisch und unseren Teller leergegessen haben. Die Grundlage für die Rolle der Enkelin wird also entsprechend unterwürfig aussehen. Oder: War der Bruder uns gegenüber übermächtig und autoritär, weil er stärker und frecher war, so wird die Schwesternrolle durch entsprechende Blockaden über Gefügigkeit definiert.

Am offensichtlichsten werden unsere Rollen, wenn wir mit den tatsächlichen Familienmitgliedern in Kontakt kommen. Ich denke, jeder kennt das von eigenen Familientreffen: Tante Claudia ist immer unterwürfig und für Geld tut sie alles. Und Onkel Franz kommandiert immer alle herum und jeder spurt!

Interessant wird es, wenn wir unser Rollenverhalten in „freier Wildbahn" beobachten und erkennen, denn tatsächlich sind alle Menschen, die uns im Alltag begegnen, immer wieder nur Stellvertreter für unsere einstigen Familienmitglieder. So ist der Chef meistens der Vater, die Chefin die Mutter, die Kollegen sind die einstigen Geschwister, Tanten oder Onkel.

> Jeder, der uns im Leben begegnet, kann immer nur unsere alten Prägungen in Gang setzen.

Unsere Emotionen sind – wie wir bereits gesehen haben – immer die alten, aber die aktuellen Gefühle, die diese Emotionen in uns wachrufen im Alltag, sind neu. So ist es nicht verwunderlich, dass auch Mobbingsituationen nicht erst im Berufsleben auftauchen, sondern bereits früher im Leben verursacht werden, wenn man als Kind beispielsweise nicht erwünscht, nicht beliebt war im eigenen Familiensystem. Die Rolle des „Gemobbten" holt einen irgendwann im Leben wieder ein und man wird so lange darunter leiden, bis man im eigenen Leben mit dieser Rolle endlich aufgeräumt hat.

Hierzu gibt es unzählige Beispiele

Der Chef, dem man nichts recht machen kann. (Vielleicht war man schon um die Gunst des Vaters bemüht, ohne ans Ziel zu kommen.)

Die Chefin, die einen nie sieht, aber die Kollegin bevorzugt. (Vielleicht gab es ein Geschwister, das entweder früh gestorben ist oder immer von der Mutter – gleich aus welchem Grund – bevorzugt wurde.)

Die Kollegin, die einen immerzu links liegen lässt und nicht beachtet. (Eine neidische Schwester, ein eifersüchtiger Bruder?)

Die Freundin, die immer nur stöhnt und über andere schimpft. (Die Mutter hat sich immer bei ihr ausgeheult; für deren Wohl fühlte sie sich als kleines Mädchen verantwortlich.)

Die Firmenparty, bei der man sich um alles kümmert und für alles sorgt. (War man vielleicht auch als Kind schon immer für alle Geschwister verantwortlich?)

Rollen die das Ego definieren

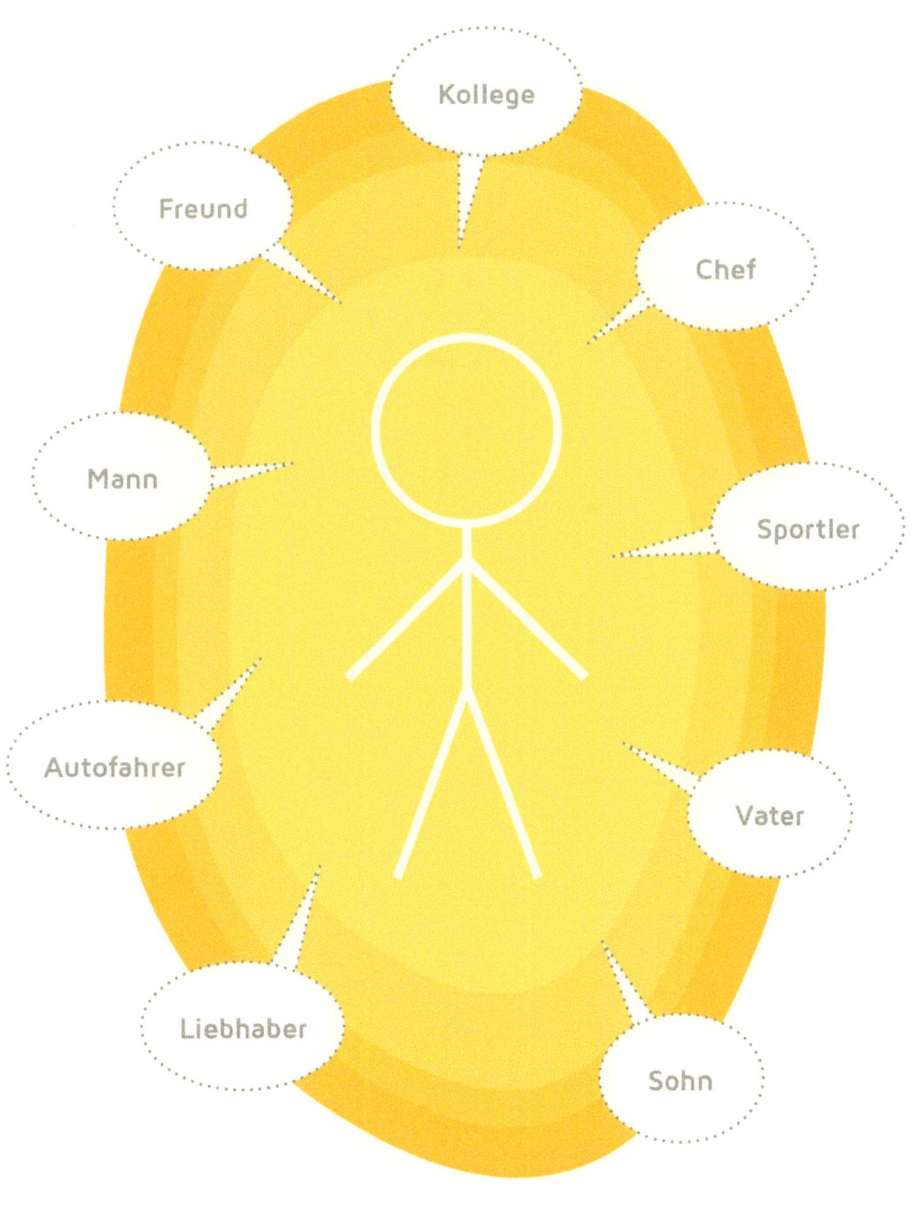

Rollen bieten uns sogar sozial und gesellschaftlich Sicherheit; das ist ihr großer Nutzen. Jedoch geht dies immer auf Kosten einer authentischen kraftvollen Persönlichkeit. Denn Rollen bleiben doch stets eine blockierende Struktur. Nur wenn wir uns auf eine bestimmte Weise verhalten, bekommen wir die Anerkennung der Umgebung. Dass wir dafür einen großen Teil unserer eigentlichen Persönlichkeit und ganz besonders unser kreatives, lebensgestaltendes Potenzial einbüßen, nehmen wir in Kauf.

Sich im Alltag in Rollen zu bewegen, kostet also auf die Dauer Kraft und Anstrengung. Im Büro, zu Hause, bei den Eltern, im Verein die verschiedenen Rollen zu „spielen", erfordert ständige Anpassung; wesentliche Anteile des Energiefeldes bleiben für die kreative Gestaltung der Gegenwart ungenutzt. Sich von Rollen zu lösen – beispielsweise in einer SAA –, bedeutet also vor allem, die vermeintlichen Komfortzonen zu erkennen und aufzugeben, um endlich das eigene Leben selbstverantwortlich zu gestalten. Das Erkennen der eigenen Rollen ist eine große Chance, Selbsterkenntnis zu gewinnen und Veränderungen vorzunehmen, die zu einem selbst führen.

> Rollenmuster zu erkennen und aktiv zu lösen, ist ein Schritt in die Freiheit – hin zur authentischen Persönlichkeit.

Unsere Rollen können wir nur lösen, wenn wir innerlich wirklich bereit für einen solchen Schritt sind und alte beschränkende Gewohnheiten, Glaubenssätze und Verhaltensweisen aus unseren traditionellen Familienmustern loslassen wollen. Mit Sicherheit ist dies ein effektiver Ansatz, um das eigene Leben in die Hand zu nehmen. Sinnanalytische Aufstellungen machen einem genau diese Zusammenhänge deutlich und führen heraus aus den Kinderschuhen in ein eigenverantwortliches und erwachsenes Leben.

Zusammenfassung
→ Energetische Blockaden machen uns zu dem Menschen, der wir und unsere Umgebung meinen zu sein, aber in uns steckt weit mehr.
→ In einer SAA können wir all die Blockaden, die uns als „Marionette" durch das Leben gehen lassen, erkennen und mit einfachen Methoden lösen.
→ Bei diesem Lösungsprozess wird die vorher abgetrennte Energie wieder an den Lebensfluss angeschlossen und stärkt die Authentizität.
→ Dieser Schritt führt auf den Weg zur Reife der eigenen Persönlichkeit und zur Freiheit.

Als authentischer Mensch zu leben und in seine wahre Kraft zu kommen, ist im wahrsten Sinne des Wortes wundervoll; man steht mit beiden Beinen voll im Leben!

Missbrauch – Teil einer Rolle
Das Thema „Missbrauch" bedarf einer genauen Darstellung, da nach der heilenergetischen Sicht nicht nur der körperliche (aggressive) Übergriff dazu zählt, sondern auch verbale Gewaltanwendung, die wir uns selbst antun lassen oder anderen Menschen antun. Aber wie genau ist das zu verstehen und warum findet Missbrauch so häufig und so unbewusst statt?

Jeder von uns hat in seiner Kindheit Situationen erlebt, in denen die persönlichen Grenzen nicht geachtet und respektiert wurden. Jedem von uns ist es so ergangen, in mehr oder weniger starkem Ausmaß. An dieser Stelle passt ein Zitat des Theologen Jürgen Fliege: „Wer hat dich so verletzt, dass du so verletzen musst?" Grenzen zu setzen und sie einzuhalten, gehört nicht zum Erziehungsziel unserer westlichen Kultur. Unsere kindliche Meinung, unsere Impulse und Gefühle zählen wenig und werden häufig ignoriert. Ich will das nicht essen! Ich will nicht auf Omas Schoß! Ich bin noch nicht müde! Ich brauche keine Mütze! Ich will weiterspielen, nicht aufräumen, noch draußen bleiben usw.! All diese vorgetragenen Aussagen werden von besserwisserischen Erwachsenen übergangen. Hierbei muss zwar berücksichtigt werden, dass Erwachsene aufgrund der vielen Jahre, die sie schon länger leben als ihre Kinder, natürlich auch mehr – meist leider nicht so gute – Erfahrungen gesammelt haben. Schön wäre es aber, wenn deren Erziehung darauf ausgerichtet bliebe, Kindern ihren eigenen

Erfahrungsraum zuzugestehen, damit sie das Leben und sich selbst ausprobieren und fühlen können.

Ohne persönlich gemachte Erfahrungen werden nur die Ohnmachten von Trauer, Wut und Trotz oder sogar Resignation und Ängsten, Erwartungen usw. zu der persönlichen Grenze des Kindes. Diese ist nicht mehr identisch mit der authentischen Grenze des individuellen Wesens, sodass das gesamte Thema „Schutzbedürftigkeit" in der Wahrnehmung des Kindes verschwimmt. Um eine starke Persönlichkeit zu werden, braucht es aber eine große Klarheit über die eigenen Grenzen und die Grenzen anderer Menschen.

Die Grenzen des Kindes zu negieren, zu ignorieren oder zu übertreten – das sind die „Verletzungen", von denen Jürgen Fliege spricht. Haben wir solche Grenzverletzungen als Emotionen im Energiefeld abgespeichert, wahren wir selbstverständlich auch nicht die Grenzen anderer Menschen, wenn wir später selbst erwachsen sind; wir haben es schlichtweg nie gelernt. Beispiele: Wir geben gute Ratschläge, ob die anderen sie wollen oder nicht; wir meinen es gut, aber eben nur für uns selbst; wir wissen es besser, ohne den anderen zu kennen; wir erwarten von ihm Dinge, weil wir denken, dass er sie gerne für uns tut, obwohl wir das gar nicht wissen können.

Da wir nie gelernt haben, uns gesund abzugrenzen, können wir, energetisch gesehen, nicht gut für uns selbst sorgen und haben nicht selten einen schier grenzenlosen Bedarf an Fremdenergie. Diese Energie bekommen wir, wenn wir die Grenzen anderer übertreten. Hier beginnt aus der heilenergetischen Sicht der Missbrauch. Andere Menschen müssen für unseren Bedarf und unseren eigenen energetischen Mangel herhalten – und umgekehrt. Wir fragen nicht bewusst, sondern handeln einfach. Der Vorwurf, der den energetischen – körperlichen, geistigen oder seelischen – Missbrauch am besten auf den Punkt bringt, lautet: „Du bist schuld (verantwortlich), wenn es mir schlecht geht!" Es ist normalerweise nicht üblich, dem Einhalt zu gebieten; für die meisten Menschen ist das ein legitimer Satz.

Aber es gibt viele solcher Sätze, die sich verheerend auswirken auf das Kind: Ach, wenn ihr Kinder nicht wärt, ginge es mir besser! Wenn du ruhiger wärst, hätte ich keine Kopfschmerzen! Wenn du in der Schule bessere Noten hättest, hätten wir keine Sorgen! Wenn du nicht so viele Ansprüche hättest, wären wir reich! Wenn du dich gut benimmst, dann habe ich dich wieder lieb! Wenn du den Teller leerisst, dann wird das Wetter schön! Wenn du heute Abend dein Zimmer aufräumst, dann muss sich der Papa nicht aufregen! Usw.

Wir werden als Kinder schon insofern missbraucht, dass wir nicht lernen dürfen, uns nach den eigenen Bedürfnissen zu richten, und uns so verhalten müssen, dass die anderen sich gut fühlen. Stell dir einen Vater vor, der sagt: „Wenn du ein liebes Mädchen wärst, müsste ich keinen Alkohol trinken!" Kannst du dir die Auswirkungen dieses übergriffigen Satzes auf das Leben des Mädchens ausmalen? Das Mädchen wird wohl auch noch als erwachsene Frau versuchen, immer „brav" zu sein, sich „artig" zu verhalten und ihrem Partner alles zum Gefallen zu tun – unbewusst, um von der vermeintlichen Schuld an der Alkoholkrankheit des Vaters verschont zu bleiben. Wahrscheinlich wird sie dieses abhängige Verhalten bis hin zur Selbstaufgabe betreiben. Es ist wohl nicht falsch, hier von seelischem Missbrauch zu sprechen!

Was geschieht, wenn eine Mutter zu ihrem Kind sagt: „Immer, wenn du schlechte Noten nach Hause bringst, werde ich krank!"? Wie wirkt sich das auf das Kind aus? Es wird sehr darauf bedacht sein, gut zu lernen und sich in der Schule anzustrengen. Und umgekehrt: Jedes Mal, wenn die Mutter kränkelt, wird es sich verantwortlich fühlen, aber nicht wissen, warum. Das Kind wird von der Mutter emotional missbraucht!

Keine Frage: Es gibt natürlich drastischere Fälle, aber – so banal es zu sein scheint – diese Art von verbalem Missbrauch hat eine lebenslange Blockade zur Folge. Wer sich für die Gefühle anderer zuständig fühlt, kann sich selbst nicht frei entfalten. Zu viele Zuständigkeiten für die Gefühle anderer machen Menschen depressiv und lebensunfähig.

Missbrauch – Teil der Täter- und Opferrollen
Die Heilenergetik unterscheidet die Rollen im zwischenmenschlichen Umgang pauschal in „aktive" (Täter) und „passive" (Opfer). Da im Hintergrund die Struktur von Dünkel und Selbstmitleid wirkt, verfügen wir

alle stets über beide Potenziale. In jeder Interaktion gibt es die eher aktiv agierenden Menschen und die passiv aushaltenden. So weit, so gut. Aber auch hier kommt es in der Kombination mit Missbrauch zu Rollen, die unser Verhalten maßgeblich bestimmen. Ein Opfer ist es, energetisch gesehen, nicht gewohnt, seine Grenzen zu setzen. Es erträgt durch seine kindlichen Prägungen, dass man über es bestimmt und seine Gefühle nicht respektiert. Ein Täter hingegen ist es, energetisch gesehen, nicht gewohnt, dass ihm Grenzen gesetzt werden, und dehnt sich selbst entsprechend aus und geht über die Grenzen des Opfers hinweg. Er merkt nicht einmal, dass er bei anderen Menschen Grenzen überschreitet, weil diese aus lauter Angst vor ihm die eigene Grenze nicht finden und sie schon gar nicht behaupten.

Dieses Rollenspiel geschieht täglich überall in unserem Umgang miteinander. Leiden tun nur diejenigen, die in der Opferrolle stecken; ihre ständige Überlegung lautet: „Merkt der andere denn nicht, wie es mir geht?" Aber tatsächlich merkt der Täter es nicht, es gehört nämlich zur Person, die in der Opferrolle steckt, die eigenen Grenzen zu fühlen, gegebenenfalls neu zu definieren und vor allem deutlich zu machen. Ein Täter hört nicht von selbst auf, auf das Opfer überzugreifen.

Ist man es bereits aus der Kindheit gewohnt, sich selbst als Opfer der Familie zu fühlen, lebt man dieses Programm auch als erwachsener Mensch weiter. Die Opferrolle ist einem sozusagen „auf die Stirn geschrieben". Der aktive Täter geht zu dieser Ausstrahlung in Resonanz und „schlägt zu", wenn man Pech hat, auch körperlich.

Die Täter-Opfer-Konstellation beruht auf der bereits beschriebenen Struktur von Dünkel und Selbstmitleid. Während wir jedoch im Selbstmitleid schmoren und unser Opferdasein ohnmächtig erleben, hat jeder von uns auch den Täteranteil in seinem Energiefeld gespeichert. Diese Seite der Medaille ist aus heilenergetischer Sicht genauso angelegt in uns, das heißt, das energetische Potenzial, Täter zu sein, ist genauso groß wie das der Opferblockade. Der Täter in uns wird durch die verschiedensten

Trigger[9] angeregt. Du kennst sicherlich aus Krimis und Fernsehnachrichten den Satz: „Der Täter war bis zu seiner Tat ein unbescholtener Bürger." Ein entsprechender Auslöser hat ihn also erst zu einer Tat bewegt. Der als Kind von der Mutter gequälte Mann mordet auf einmal Frauen, die eine gewisse Ähnlichkeit mit der Mutter haben. Der unauffällige Junge in der zwölften Klasse läuft auf einmal Amok und tötet diejenigen, die ihn in der Pause gemobbt und gequält haben. Die Frau, die ihren Partner foltert und anschließend umbringt, hat mit Sicherheit eine entsprechende Geschichte mit ihrem Vater oder Onkel erlebt, in der sie das Opfer war. Diese Rollenverteilung finden wir aber auch in weniger spektakulärer Art ständig in unserem ganz normalen Alltag. Ein schöner Satz, den du selbst in deinem Leben überprüfen kannst, zeigt dir deinen Opferanteil sehr deutlich: „Derjenige hat Macht über dich, ist also Täter, dem du dich nicht traust, die Meinung zu sagen!"

Beispiele: der Chef, der ungerecht ist; die Kollegin, die über dich lästert; die Freundin, die dich zutextet; die Mutter, die dir Essen kocht, das du nicht essen willst; der Vater, der dich unbedingt besuchen will; der Bruder, der dir Filme schenkt, die dich nicht interessieren; die Lehrerin, die dich an der Tafel bloßstellt; die Kassiererin, die dich zur Eile mahnt; der Chef, der dich maßregelt; die Nachbarin, die dich zu einem Verhalten zwingt, das dir nicht guttut; usw. Es muss also nicht gleich ein Mord geschehen, um ein Opfer zu sein.

Die eigenen Opferrollen erkennst du sehr schnell: Du fühlst dich ausgenutzt, unverstanden, gemobbt, falsch behandelt und nicht ernst genommen? Du kannst dir die Dynamik von außen anschauen und sie genauer hinsichtlich der Blockaden aus deiner Kindheit durchleuchten. Denn nur so kannst du aus dem ewigen Kreis deines Täter-Opfer-Daseins aussteigen.

---

9) Unter Trigger versteht man Sinneseindrücke, die Erinnerungen an alte Erfahrungen wecken (als ob diese neu gemacht würden). Diese Erinnerungen tauchen meist plötzlich und mit großer Wucht auf. Die alten Gefühle werden unmittelbar erlebt (Flashback) und die reale aktuelle Situation kann oft nicht mehr wahrgenommen werden. Man reagiert oft so, als würde man sich in der alten (erinnerten) Situation befinden. Trigger können unterschiedlichste Formen haben, bspw. ein Jahrestag, ein Geruch, Geräusch oder Geschmack, aber auch eine Geste, Farbe und vor allem der alten Erfahrung ähnelnde Situationen. Sie stehen meist im Zusammenhang mit schweren seelischen oder körperlichen Verletzungen. (Siehe: Posttraumatische Belastungsstörung als Folge von seelischem, sexuellem oder körperlichem Missbrauch)

Aber du kannst die oben angeführten Beispielfälle auch dahingehend untersuchen, wann du selbst vielleicht in der Rolle des Täters steckst. Da die Grenzen der Menschen unterschiedlich gesteckt sind, kann man manchmal schlecht einschätzen, ab wann genau jemand zum Täter wird, das heißt, diese Grenzen wirklich berührt. Wenn wir den ganzen Tag ununterbrochen reden, gibt es vielleicht ein paar Opfer, die es belastet, aber auch andere Menschen in deiner Umgebung, die es überhaupt nicht stört. Wenn du schlagfertig reagierst, finden einige Menschen es witzig, andere sind sofort beleidigt. Wie dem auch sei: Es liegt immer in der Verantwortung des Opfers, dir mitzuteilen, wenn es genug ist. Selbst merken wirst du die Auswirkung vermutlich nicht und es ist auch nicht deine Aufgabe, für die anderen deren Grenzen herauszufinden. Es ist allein deine Aufgabe, diese Grenzen zu achten, wenn sie dir gesetzt werden.

Den nächsten Teil des Buches wollen wir dem Lösen von Blockaden und Rollenmustern widmen – mit besonderem Blick auf die Wirkung der Sinnanalytischen Aufstellungen.

Charlie Chaplin zu seinem 70. Geburtstag 1959

Als ich mich selbst zu lieben begann, erkannte ich, dass Seelenschmerz und emotionales Leiden nur Warnzeichen sind dafür, dass ich entgegen meiner eigenen Wahrheit lebe. Heute weiss ich, das ist „AUTHENTISCH SEIN".

Als ich mich selbst zu lieben begann, verstand ich, wie sehr es jemanden beeinträchtigen kann, wenn ich versuche, diesem Menschen meine Wünsche aufzuzwingen, auch wenn ich eigentlich weiss, dass der Zeitpunkt nicht stimmt und dieser Mensch nicht dazu bereit ist – und das gilt auch, wenn dieser Mensch ich selber bin. Heute nenne ich das „RESPEKT".

Als ich mich selbst zu lieben begann, hörte ich auf, mich nach einem anderen Leben zu sehnen, und ich konnte sehen, dass alles, was mich umgibt, mich einlädt zu wachsen. Heute nenne ich dies „REIFE".

Als ich mich selbst zu lieben begann, verstand ich, dass ich mich in allen Umständen stets zur rechten Zeit am richtigen Ort befinde und alles genau zum richtigen Zeitpunkt geschieht. Von da konnte ich gelassen sein. Heute nenne ich dies „SELBST-VERTRAUEN".

Als ich mich selbst zu lieben begann, habe ich es sein lassen, mir meine eigene Zeit zu stehlen, und ich hörte auf, grosse Zukunftsprojekte zu entwerfen. Heute mache ich nur das, was mir Freude bereitet und mich glücklich macht, Dinge, die ich gerne tue und die mein Herz zum Lachen bringen – und ich tue sie auf meine Weise und in meinem Rhythmus. Heute nenne ich das „EINFACHHEIT".

Als ich mich selbst zu lieben begann, befreite ich mich von allem, was nicht gesund ist für mich – Nahrung, Menschen, Dinge, Situationen – und von allem, was mich herunterzieht und mich von mir wegzieht. Erst nannte ich diese Haltung einen „GESUNDEN EGOISMUS". Heute weiss ich, das ist „SELBSTLIEBE".

Als ich mich selbst zu lieben begann, liess ich es sein, immer Recht haben zu wollen, und seitdem habe ich mich viel weniger geirrt. Heute habe ich entdeckt, das ist MÄSSIGUNG (wahre BESCHEIDENHEIT).

Als ich mich selbst zu lieben begann, habe ich mich geweigert, weiterhin in der Vergangenheit zu leben und mich um die Zukunft zu sorgen. Jetzt lebe ich nur für diesen Augenblick, wo ALLES stattfindet. Heute lebe ich jeden Tag einfach nur Tag für Tag, und ich nenne es ERFÜLLUNG.

Als ich mich selbst zu lieben begann, erkannte ich, dass mein Denken mich verstören, unruhig und krank machen kann. Doch als ich es mit meinem Herzen verbunden hatte, wurde mein Verstand ein wertvoller Verbündeter. Diese Verbindung nenne ich heute WEISHEIT DES HERZENS.

Wir brauchen uns nicht länger fürchten vor Argumenten, Konfrontationen oder vor jeglicher Art von Problemen mit uns selbst oder mit anderen. Selbst Sterne stossen zusammen, und aus ihrem Zusammenprall werden neue Welten geboren. Heute weiss ich, das ist „Leben"!

(Grigor Nussbaumer/Mentalpower.ch)

III – PRAXIS DER SINNANALYTISCHEN AUFSTELLUNG

In den vorangegangenen Kapiteln wurden die Grundlagen der energetischen Arbeit als Basis der Sinnanalytischen Aufstellung erläutert. Wir haben uns bisher in der Beschreibung auf das individuelle menschliche Energiefeld – die Aura – bezogen, die jedoch nur ein minimaler Ausschnitt aller energetischen Felder ist, in die wir eingewoben sind. Oder noch einmal anders formuliert: Alles, was ist, ist Energie und wir nehmen davon nur einen beschränkten Teil wahr: unsere von uns bewertete Welt, unseren absolut individuellen Wahrheitsausschnitt. Wir können die Komplexität der Energien und Vernetzungen der gesamten Schöpfung mit der uns zurzeit möglichen Verstandesleistung nicht erfassen, da wir nur einen kleinen Teil unserer Gehirnkapazität nutzen können. Doch das mit allem verbundene energetische Sein ist der Ursprung, die Verbindung, die Matrix und die Basis für alle materielle Existenz – der „Quantenschaum"[10]. Wir sind demnach durch unser persönliches Energiefeld oder unsere Aura immer unvermeidlich und unlösbar verbunden mit allem, was ist.

Wir bewegen uns bei allem Denken und bei allen Aktionen innerhalb der miteinander verbundenen Felder von Menschen, Tieren, Gegenständen und Ereignissen. Wir sind ein Teil dieses großen ineinanderwirkenden Gefüges. Wir haben in jedem Augenblick die Freiheit der Entscheidung in unserem Leben; anders als ein Tier, das seinen Instinkten folgt, können wir in jedem Augenblick des Lebens durch unser Bewusstsein eine neue Entscheidung fällen und uns bewusst verändern. Wir können sogar darüber entscheiden, was wir fühlen und denken wollen.

---

10) Quantenschaum ist ein Begriff aus der Physik, der bildhaft beschreibt, was passiert, wenn man die zwei großen Theorien der Physik, die Quantenfeldtheorie und die allgemeine Relativitätstheorie, auf einen extrem kleinen Maßstab von 10 bis 35 Metern (sogenannte Planck-Länge) anwendet. Hier würden permanent kleine Blasen in der Raumzeit entstehen und wieder zusammenfallen. John Archibald Wheeler gab diesem Phänomen 1955 den zuerst salopp gemeinten Namen „Quantenschaum", der später Einzug in die Fachliteratur fand (engl.: „quantum foam" oder auch „spacetime foam"). (Wikipedia)

> Wir sind frei!
> Das ist eine Qualität unseres Bewusstseins.

Nach und nach begreifen wir, dass wir mit allem in Verbindung stehen, und das fordert uns auf, genauer hinzuschauen, um unser Bewusstsein weiterzuentwickeln. Der Satz: „Was interessiert es mich, wenn in China ein Sack Reis umfällt?", bekommt eine ganz neue Bedeutung, wenn wir in komplexeren Zusammenhängen denken. Denn natürlich ist es in jedem Fall von Interesse, was irgendwo auf der Welt geschieht. Alles, was geschieht, steht mit uns in Verbindung, ob wir uns dessen bewusst sind oder nicht. Wenn es auf der Welt Hass und Aggression gibt, haben wir eine Verbindung dazu. Wenn es auf der Welt Gier und Armut gibt, hat das etwas mit uns zu tun. Wenn wir Dinge und Realitäten nicht wahrnehmen, sind wir energetisch trotzdem damit in Kontakt, aber in dem Augenblick, wo wir darüber nachzudenken beginnen, spüren wir auch diese Verbindung.

Es eröffnen sich ungeahnte Möglichkeiten, sobald wir diese unseren Verstand übersteigende Erkenntnis tief in uns fühlen können – in unserem Herzen! Wir sind in der Lage, bewusst Dinge umzusetzen, die über unsere Persönlichkeit hinausgehen. Wir erreichen eine ganz neue Verantwortlichkeit in unserem individuellen Leben und können nicht nur endlich selbst „heil" werden im Sinne von „ganz" – wenn uns nämlich die globaleren Zusammenhänge, in die wir energetisch eingewoben sind, wirklich klar werden, befinden wir uns auch auf dem gemeinsamen Weg der universellen Aussöhnung, die den persönlichen eigenen Frieden mit einschließt.

Mit der bisherigen materiellen Sichtweise auf die Welt haben wir uns durch kurzsichtige (egoistische) Entscheidungen scheinbar immer weiter von der Welt und der Einheit separiert, jedenfalls sind wir uns dieser Einheit immer weniger bewusst oder haben sie ganz und gar „vergessen"; wir fühlen sie nicht mehr. Wir sind uns dessen oft nicht bewusst, dass wir ausnahmslos alle Entscheidungskonsequenzen und alle Emotionsstrukturen aus unserem bisherigen Leben und sogar aus dem Leben unserer Ahnen in der Gegenwart spüren und erleben.

> Jedes Ereignis in unserer jetzigen Erfahrungswelt ist
> das Resultat eines Gedankens oder einer Handlung
> aus der Vergangenheit.

Dies gilt nicht nur für uns als Individuum, sondern auch für die Menschheit als Ganzes. Im Augenblick erleben wir alle die Auswirkungen eines veralteten Bewusstseins: Finanzkrisen, plötzlich auftauchende Epidemien, Umweltkatastrophen, sozialer und familiärer Verfall, Terror, militärische Konflikte und ein hohes Maß an Armut, Elend und Hunger.

Alles, was wir sind und tun, entsteht aus dem alten Denken unserer Vergangenheit, denn das, was wir denken, kreiert zu jedem Zeitpunkt unsere Zukunft. Sind in unserem Energiefeld viele Blockaden von Wut und Hass, werden wir diese Emotionen immer wieder in unserem Leben spüren, denn sie kreieren Situationen, in denen Wut und Hass dominieren. Ist in unserem Energiefeld dagegen viel fließende Energie, Glück und Frieden, dann gestalten wir die Realität dementsprechend dynamisch und erfüllend. Unsere Umgebung spiegelt uns das, was wir innerlich sind: blockiert und gehemmt oder glücklich und erfolgreich.

Sinn und Inhalt

Wenn wir unseren Alltag betrachten, sind wir den ganzen Tag damit beschäftigt, unser Leben zu organisieren, unsere Arbeit zu erledigen, uns unserem Partner zu widmen, zu reden, zuzuhören, zu telefonieren, uns zu vernetzen, unser Geld zu verwalten. Am Abend, nach der After-Work-Party, dem Abhängen vor der Glotze, dem Sport- und Fitnesstraining oder dem gemütlichen Familienabend, fallen wir ins Bett und am nächsten Morgen „grüßt uns das Murmeltier". Die Lebensinhalte sind so dominierend, dass wir oft gar nicht für möglich halten, dass es noch etwas anderes geben könnte. Aber tatsächlich gibt es ganz tief in uns eine Sehnsucht nach einem Lebenssinn. Manchmal fragen wir erst dann danach, wenn im alltäglichen Lebensstress nicht mehr alles so läuft, wie wir es wollen.

Wenn wir eine Krise haben – gesundheitlich, beruflich, finanziell, partnerschaftlich, in der Erziehung unserer Kinder, in der Pflege der Eltern –, wenn unsere Technik versagt, uns der Job gekündigt wird oder der Partner sich von uns trennt – erst dann, in einer ruhigen Minute, kommt uns vielleicht die Frage in den Kopf, was das jetzt alles für einen Sinn hat. Alle unsere Lebensinhalte, mit denen wir den Alltag gekonnt jonglieren, sind nur die Werkzeuge und Hilfsmittel, mit denen wir den Sinn unseres Lebens erfüllen. Aber was ist der Sinn?

In einer Sinnkrise drückt sich nach meiner Sicht das Bedürfnis nach Spiritualität aus. Jede unserer Handlungen – vollkommen gleichgültig, ob es sich um den Brötchenkauf beim Bäcker oder um die Wahl des Partners, um den Hausbau oder die Geldanlage handelt – läuft nach bewährten, bekannten und vor allem alten, aus der frühen Kindheit stammenden modifizierten Mustern ab. Diese wiederum ergeben sich aus energetischen Prägungen, Emotionen und komplexen Erfahrungen, die sich aus einer übergeordneten geistigen Ebene heraus entwickelt haben. Hier kommt die Seele zum Zug als der geistige Ursprung eines jeden Menschen. Die Seele will auf diesem Weg in einem Körper, der in der Vierdimensionalität lebt, ihre fühlbaren körperlichen Erfahrungen machen, um sich zu entwickeln. Jeder einzelne Schritt, jede Bewegung und natürlich jede einzelne Handlung im Alltag hat also nicht nur einen energetischen Hintergrund in unserer Vergangenheit, die uns geprägt hat, sondern auch immer eine übergeordnete geistige Ursache. Das ist der Sinn!

Du kannst beginnen, in jedem Augenblick den Sinn zu verstehen, und bekommst dadurch nach und nach einen Überblick über dein Leben. Du betrachtest aus der sogenannten „Vogelperspektive" alles, was in deinem Leben geschieht, und erkennst darin deinen Lebenssinn.

Der Sinn ist immer nur individuell zu verstehen, daher ist eine abschließende Deutung von außen nicht möglich, sondern nur für den Einzelnen ergründbar. Wir können nur selbst den Sinn hinter einer Situation oder Krise in unserem Leben erkennen. Wenn wir dann entsprechend handeln, ist der Sinn erfüllt und die ungeliebte Situation oder das störende Symptom kann gehen – einfach nur, weil die energetische Blockade sich gelöst hat und unsere Realität sich sofort neu gestaltet. Gehen wir mit den Situationen nur „inhaltlich" um, betrachten sie also nur faktisch, ohne ein Bewusstsein für den dahinter liegenden Sinn zu entwickeln, „verschieben" sich die Symptome weiter in immer neue Situationen und kehren so immer wieder zu uns zurück – wie eine offene Frage, die beantwortet werden will.

Beispiele für Inhalte und (mögliche) Sinnzuordnungen:
Inhalt: Du rauchst. – **Sinn** (kann sein): Dahinter steht ein altes Gefühl der Einsamkeit. Du erfüllst ersatzweise durch das Rauchen energetisch den tieferen Wunsch, zu einer Gruppe dazuzugehören. Du kannst entweder weiter rauchen oder die Blockade „Ausgeschlossen-sein" lösen.

Inhalt: Du hast Krach mit deinem Partner. – **Sinn** (kann sein): Du hast energetisch mit dem Thema „Männerverachtung" zu tun. Mit jedem Krach hast du die Chance, diese alte Blockade der Verachtung entweder zu verstärken oder zu lösen.

Inhalt: Du bist durch das Abitur gefallen. – **Sinn** (kann sein): Du kommst energetisch an das alte Thema „Nicht-Richtig-Sein". Du kannst die Blockade jetzt lösen und zu dir stehen oder aber du verstärkst sie.

Inhalt: Du hast eine schlimme Erkrankung. – **Sinn** (kann sein): Du möchtest dir die Erlaubnis geben, bestimmte Dinge in deinem Leben zu verändern. Du kannst erforschen, worauf dich die Krankheit energetisch hinweisen möchte, oder aber nur das Symptom beseitigen.

Inhalt: Dein Kind ist hyperaktiv und neigt zu Aggressionen. – **Sinn** (kann sein): Es lässt dich deine eigene Aggression und Unruhe spüren. Du hast die Chance, die Blockade bei dir zu verändern und zu lösen oder nur die Symptome des Kindes zu behandeln und sie dadurch zu verstärken.

Inhalt: Du feierst nicht so gerne deinen Geburtstag. – **Sinn** (kann sein): Jeder Geburtstag erinnert dich unbewusst daran, dass du nicht erwünscht warst bei deinen Eltern. Du kannst die Blockade lösen und endlich im Leben ankommen oder dich immer weiter zurückziehen.

Inhalt: Du kaufst dir einen Hund und liebst sein Herumtollen und seine Ausgelassenheit. – **Sinn** (kann sein): Du selbst lebst deine Gefühle nicht, weil sie dir Angst machen. Du kannst die Blockade lösen und deine Gefühle ausleben oder weiterhin dem Hund diese Aufgabe überlassen und die Blockade verstärken.

Inhalt: Du hältst deinen Garten penibel in Ordnung. – **Sinn** (kann sein): Deinen Eltern war die Gartenpflege sehr wichtig, allein wegen der achtsamen Nachbarn, deshalb fühlst du dich selbst auch „beobachtet". Du kannst die Blockade lösen und die Gartenarbeit nach deinem Geschmack gestalten und genießen oder du übst weiterhin nur eine belastende Pflicht aus.

Inhalt: Dein Auto hat einen Steinschlag in der Windschutzscheibe. – **Sinn** (kann sein): Deine klare Sicht im Leben wird gerade verhindert? Du kannst den Grund herausfinden, die Blockade lösen und damit deinen Blick auf die Welt ändern oder du verstärkst die Blockade und hältst an deiner Sicht auf die Dinge fest.

Es gibt zahlreiche Lexika zu allen Themenbereichen des Lebens, die uns Sinndeutungen der Inhalte unseres Alltags näherbringen. Ganz besonders der Themenkomplex „Krankheiten" bietet uns die Möglichkeit, unser Leben oder eine Situation auf den jeweiligen Sinn des individuellen Erscheinungsbildes hin zu untersuchen. Denn nur wenn wir genaue Kenntnis davon haben, können wir den Sinn einer Sache auch tatsächlich erfüllen, indem wir die entsprechende Blockade lösen und damit eine Veränderung oder eine neue Entwicklung in Richtung Heilung in Gang setzen.

> Der Sinn stammt immer aus einem der materiellen
> Welt übergeordneten energetischen System.

Belastende Lebensinhalte

Grundsätzlich ist es gut, von den belastenden Inhalten des Alltags zunächst ein wenig Abstand zu nehmen – das bedeutet, sich ein wenig Ruhe zu gönnen und die Situation aus einem zeitlichen und räumlichen Abstand heraus zu betrachten. Dann solltest du dich fragen, welche Gefühle bei dir ausgelöst werden, was die Situation mit dir gemacht hat, woran das Problem dich hindert oder wozu es dich veranlasst. So erkennst du sehr schnell und zielsicher den Sinn hinter den einzelnen Ereignissen deines Alltags.

Beispiele
Du hast eine starke Erkältung. Eigentlich hast du viel zu viel Stress, um krank zu sein. Du bist sauer und willst mit allen verfügbaren Medikamenten den Symptomen Einhalt gebieten, aber du fühlst dich schwach. (Inhalt)

Setze dich erst einmal ruhig hin und atme tief durch. Schließe deine Augen und schau, wie du die Erkältung wahrnimmst.
→ Du hast „die Nase voll" – von wem?
→ Du hast geschwollene und schmerzhafte Mandeln und kannst nicht richtig sprechen. Was schluckst du runter, obwohl du es eigentlich aussprechen solltest?
→ Deine Augen brennen; du würdest sie gerne einfach schließen und dich ausruhen. Warum bist du nicht selbstbestimmt aus deinem Stress bewusst ausgestiegen? Jetzt lässt dir dein Körper keine Wahl.
→ Du bist aggressiv und reizbar, wenn dich ein Kollege oder der Chef anspricht. Vielleicht bist du im gesunden Zustand zu scheinheilig und sagst nicht die Wahrheit?

Nimm deinen Körper ernst; gönne dir Ruhe; sag ab jetzt immer sofort deine Meinung; schütze dich vor Überforderung. Nimm die Botschaft der Erkältung wichtig und nimm eine positive Haltung deinem Körper gegenüber ein. Er ist dein Freund und hilft dir, besser auf dich zu achten. Dein Körper ist niemals dein Feind; er würde nie ein Symptom entwickeln oder krank werden, wenn es nicht von Bedeutung für dich wäre. Auf diese

Weise beginnst du den Sinn deiner Krankheit zu verstehen und deine Erkältung wird vermutlich sehr schnell abklingen.

Du bist bei deiner langjährigen Freundin nicht zum Geburtstag eingeladen, obwohl es eine große Feier geben wird und eine enge Bekannte von dir bereits eingeladen wurde. Du bist wütend und enttäuscht und wirfst das bereits gekaufte Geschenk in die Mülltonne; vielleicht schmiedest du sogar Pläne der Rache. (Inhalt)

Setze dich erst einmal ruhig hin und atme tief durch. Schließe deine Augen und schau, wie sich die Verletzung in dir anfühlt:
→ Du fühlst dich alleine und nicht erwünscht. Welche alte Verletzung wird getriggert?
→ Du wirst traurig und erinnerst dich an frühere Familienfeiern, bei denen du gesagt bekamst, du seiest noch zu klein und müssest ins Bett gehen, während deine ältere Schwester mitfeiern durfte und dich damit geärgert hat. Kennst du den tiefen Schmerz der Ablehnung in deinem Herzen?
→ Du bist eifersüchtig. Bist du im Grunde nur traurig und wütend und musst weinen? Lass den Tränen freien Lauf lassen, bis sie abklingen.

Du hast damit den Sinn erkannt und erfüllt; die Realität wird sich ändern! Entweder spürst du einen entspannenden inneren Frieden und musst über deine Verletzung und deine Wut aus den Kindertagen im Nachhinein lächeln oder deine Freundin ruft dich vielleicht noch an, entschuldigt sich, dass sie dich aus Versehen vergessen hat und lädt dich herzlich zu der Party ein.

Du fährst auf der Autobahn und überholst mit Tempo 130 deinen Vordermann. Auf einmal drängelt hinter dir ein Fahrer mit Lichthupe und fährt knapp auf deinen Wagen auf. Du erschrickst und ziehst schnell nach rechts; der Schreck sitzt dir noch einige Zeit in den Knochen und du bist stinkwütend. (Inhalt)

Nimm dir nach deiner Autofahrt ein wenig Zeit, atme tief durch und spüre noch einmal in die Situation hinein. Manchmal drängelst du vielleicht auch

– bei der Kollegin im Büro, letztens bei der alten Dame vor dir an der Kasse und öfter auch bei deinen trödeligen Kindern?

Du hast deutlich gefühlt, was das Drängeln mit dir gemacht hat. Vielleicht bist du in Zukunft selbst ein wenig geduldiger und lässt anderen die Zeit, die sie brauchen. Dann hast du den Sinn erkannt und erfüllt; du wirst solche Situationen wie auf der Autobahn nicht mehr erleben.

Bei komplexeren Themen kann es hilfreich sein, Sinnanalytische Aufstellungen in Anspruch zu nehmen, die sich insbesondere dadurch auszeichnen, den Sinn darin zu kristallisieren und erfahrbar zu machen, die Ursachen von Symptomen zu ergründen. Bei einer SAA kannst du über den Tellerrand des Inhalts hinausschauen und deinen Blick hin zum eigenen Lebenssinn wenden.

Warum Sinnanalytische Aufstellungen?

Ein wichtiger Aspekt der Sinnanalytischen Aufstellung ist, dass die Wahrnehmung von Emotionen und Gefühlen im Mittelpunkt des Erkenntnisprozesses stehen und vor allem gleichzeitig bearbeitet werden. Durch die intensive und komplexe Darstellung von Emotionen und ihren Folgen in allen Lebenszusammenhängen bietet die Heilenergetik – und die daraus entwickelte SAA – einen tatsächlichen Mehrwert in der Anwendung. Denn nur durch diese Betrachtungsweise können Veränderungen im Leben durch das Lösen alter Blockaden tatsächlich stattfinden.

Wir sind als intellektuell ausgerichtete Menschen immer versucht zu denken, dass wir allein durch unser rein rationales Verständnis und durch Methoden, die dem reinen Verstehen dienen, die Dinge und Umstände im Leben erledigen können. Bei der SAA-Arbeit gehen wir eine Stufe tiefer und verfolgen den Ansatz, dass wir die ursächlichen Gefühle noch einmal fühlen – sei es durch den Aufstellenden selbst oder durch Stellvertreter – und den Gefühlen die Achtung und den Raum geben, der ihnen zusteht. Wir wandeln an diesem Punkt unser damaliges Gefühl und fällen eine neue Entscheidung. Daraus ergibt sich ein tief gehender Prozess mit dem Resultat einer tatsächlichen Neugestaltung unseres Lebens durch unser Bewusstsein. Es ist so, als ob man auf den Gleisen seines eigenen Lebens – man selbst ist der Zug – rückwärtsfährt und an markanten Blockadepunkten und bestimmenden Entscheidungssituationen im Leben die Weiche umstellt. Fährt der Zug dann wieder vorwärts, sind es zunächst nur Zentimeter, die er vom alten Gleisweg abweicht, aber bereits nach einiger Zeit fährt unser Lebenszug in eine komplett neue Richtung.

Unserem logischen Verstand scheint es unmöglich zu sein, eine „Zeitreise" mit positivem Aspekt in unserer jetzigen Realität zu vollziehen. In einer SAA geschieht aber genau das; aus heilenergetischer Sicht funktioniert jeder wahre Heilungsprozess auf diese Weise:

> In einer Sinnanalytischen Aufstellung ist es möglich, alte Emotionen oder andere vergangene Lebenszusammenhänge wahrzunehmen, neue Entscheidungen zu fällen und sie damit zu verändern, um eine nachhaltige Veränderung im jetzigen Zustand zu erreichen.

Heilung ist immer auch ein Erinnern des Körpers an einen einst noch „heilen Zustand". Unser gesamtes Leben können wir unter diesem Aspekt anschauen, ganz gleich, um welche Art von Lebensthemen es uns gerade geht. Irgendwann einmal haben wir im Leben eine Entscheidung gefällt, die uns an den Punkt geführt hat, an dem wir jetzt gerade stehen. Wir können „zurückgehen" und uns neu entscheiden – Bewusstseinsveränderungen zulassen – und dann entwickelt sich unser Leben in eine neue Richtung.

Zusammenfassung
→ Sinnanalytische Aufstellungen geben einen Überblick über die Zusammenhänge des Lebens.
→ Wir bekommen Zugang zu Emotionen und Gefühlen.
→ Alte Entscheidungen und alte Emotionen werden korrigiert.
→ Belastende Lebensthemen, gleich welcher Art, können durch den Prozess der SAA nachhaltig gelöst werden.
→ Die Lösung des Themas wird in der täglichen Realität wahrnehmbar.
→ Wir erkennen den Sinn einzelner Begebenheiten und damit den Sinn unseres Lebens.
→ SAA können zu sämtlichen Themen des Lebens erfolgen.
→ Das Ziel der SAA ist es, uns ein Gefühl für unsere eigentliche Herkunft und Bestimmung zu geben und uns für unser ursprüngliches Potenzial zu öffnen.

Wie funktionieren Sinnanalytische Aufstellungen?

Wenn wir uns mit sinnanalytischer Aufstellungsarbeit beschäftigen, bekommen wir eine Ahnung von den Dimensionen der energetischen Welt, denn sie macht die für das Auge nicht erkennbaren komplexen energetischen Verhältnisse und Zusammenhänge im Raum fühlbar und offensichtlich.

Wenn SAA hier beschrieben werden, wird immer von „Stellvertreter"-Aufstellungen mit lebenden Statisten gesprochen. In dem Augenblick, in dem der Aufstellende intuitiv Stellvertreter für sein Aufstellungssystem auswählt, verbinden sich die Energiefelder des Aufstellenden und der Stellvertreter; die Felder gehen in Resonanz und der Aufstellende „weiß" ganz genau, welcher Stellvertreter sich für die Aspekte seines Themas eignet. Die im Energiefeld vorhandenen Blockaden werden so bei einer Aufstellung durch den Stellvertreter energetisch „in den Raum" gestellt und authentisch von ihm gefühlt. Auf diese Weise werden dem Aufstellenden die Zusammenhänge des eigenen Lebens, die er bisher nur aus Einzelbildern in seinem Kopf und aus Erzählungen aus der Vergangenheit generiert hat, deutlich erlebbar vor Augen geführt.

Innerlich – im Herzen – wird der heilsame energetische Prozess der Verbindung vollzogen und durch den Aufstellungsprozess wird ein spiritueller Zugang zum eigenen Leben und zum eigenen Sinn bewusst oder unbewusst fühlbar. Wir Menschen sind alle auf der Suche nach einem Gott, ob wir es nun so bezeichnen würden oder nicht. Gegenwärtig wird eine deutliche Tendenz spürbar, sich auf die Suche nach einer mehr individuellen als traditionellen Spiritualität zu machen. Im Grunde unseres Herzens sehnen wir uns nach einer intensiven Verbundenheit, in der wir paradoxerweise erst ganz bei uns selbst ankommen können – was auch immer das für den Einzelnen bedeutet.

Die Aussage „Alles ist eins" ist den meisten inzwischen geläufig als Beschreibung dieser Einheit und Verbundenheit; ursprünglich ist sie der östlichen Philosophie entlehnt und von dort in das westliche Verständnis gelangt. Wir finden in einer SAA sozusagen einen direkteren „Anschluss" an unsere geistige Existenz und werden durch diesen tiefen seelischen Prozess wieder ganz, kommen in unsere Mitte oder werden in diesem Wortsinn „heil" und fühlen uns mit allem verbunden.

Stell dir die Blockaden der Aura als Bild vor und stell dir weiter vor, dass in jeder Blockade ein Ereignis deines Lebens samt Emotion und Energie gespeichert ist. Jedes belastende Erlebnis steht immer mit einem Menschen aus deinem Leben in Zusammenhang, mit dem du deine Emotion verknüpft hast. Wenn du nun eine Problematik aus deinem jetzigen Leben aufstellen möchtest, wird für jede Struktur – und damit für jedes damit zusammenhängende Gefühl sowie für jede damit in Verbindung stehende Person – eine Person als Stellvertreter in den Raum gestellt. Durch die energetische Verbindung mit dem Energiefeld des Aufstellenden „wird" der Stellvertreter energetisch zu dieser Person, für die sie aufgestellt ist. Sie empfindet deren Gefühle und körperliche Befindlichkeiten, sie fühlt deren Beschränkungen und übernimmt zum Teil deren Verhaltensweisen.

Wird ein Stellvertreter für eine Emotion aufgestellt, fühlt er diese sofort in unterschiedlicher Intensität und in verschiedenen Varianten, und zwar so, wie sie für den Aufstellenden in seiner Vergangenheit in Zusammenhang mit der Ursache gefühlt wurden. Wird ein Stellvertreter für ein Tier oder einen Gegenstand aufgestellt, geht er in Resonanz mit der energetischen

Schwingung und kann treffsicher und meistens detailgenau über den ursächlichen Zustand und die Befindlichkeiten des Tieres Auskunft geben.

Der Veränderungsprozess

Zielstellung

Es geht bei einer SAA immer darum, die bisher blockierten Energien und Emotionen, die im Alltag des Aufstellenden Symptome verursacht haben, wieder ins Fließen zu bringen und die Abspaltungen seines Bewusstseins im Laufe des Aufstellungsprozesses zu überwinden.

In dem Prozessablauf einer Sinnanalytischen Aufstellung werden die Blockaden unter der Leitung des ausgebildeten Trainers nacheinander mental gelöst. Hierzu reicht meist die reine Aufmerksamkeit des Trainers, manchmal kann er die Lösung durch eine sanfte Berührung begleiten und damit die Erhöhung des Energieflusses fördern. Die Positionen der Stellvertreter werden nach intuitiv ermitteltem Bedarf im Raum verändert, um die Prozesse, die von ihnen gefühlt werden, dem Aufstellenden bewusst zu machen, sozusagen zur Lösung anzubieten. Das Leben steht dem Aufstellenden in einem solchen Augenblick als ein gesamtes Bild vor Augen und er kann es aus der Distanz neu sehen, tiefer erkennen, vollständiger annehmen und im Zuge der Lösung der Blockaden durch den Prozess positiv verändern. Hierbei bewegen sich die Prozesse der Aufstellung nicht in einem festen Rahmen vorgegebener Abläufe, sondern orientieren sich in Bezug auf die Lösungsmöglichkeiten konsequent am Bedarf des Aufstellenden. Der Trainer muss sich mit den Emotionen und Gefühlen sehr gut auskennen, um sich souverän in dem aufgestellten Energiefeld zu orientieren und den Aufstellenden sozusagen zielsicher zu navigieren.

Eine konsequente Möglichkeit zur Lösung von Blockaden ist die Verbindung der beteiligten Personen (Aufstellender/Stellvertreter) durch Händereichen. Sobald die Hände sich berühren, findet ein Energiefluss in respektvoller verbindender Liebe von Herz zu Herz statt und die blockierenden Strukturen können sich durch diese starke Kraft lösen; der Aufstellende kann sich entspannen. Kann dies nicht erreicht werden, wirkt ein wichtiger Selbstschutz des Bewusstseins des Aufstellenden. Wichtig: Jeder Mensch kann sich nur so weit und so schnell entwickeln, wie es sein eigenes Bewusstsein in jedem Moment zulassen kann. Ideale oder vom Verstand getragene mustergültige Lösungen sind in einer SAA nicht zu erzwingen; es ist letztlich weitgehend die Klarheit und Präsenz des Trainers, der die Entwicklung begleitet, annimmt und fördert und die Grenzen und die Bereitschaft des Aufstellenden auslotet.

> Sind alle maßgeblichen Emotionen im Aufstellungsfeld gelöst, kommt es zu einer allgemeinen Entspannung und zum Nachlassen von körperlichen und emotionalen Symptomen aller stellvertretend aufgestellten Teilnehmer.

Der Aufstellende, der sein Thema klären möchte, sucht auch für sich selbst zunächst einen Stellvertreter aus. Er kann im Laufe der Aufstellung seine eigene Position selbst einnehmen, um die veränderten und gelösten Emotionen direkt zu spüren. Oftmals bleiben die Stellvertreter dann begleitend und unterstützend ebenfalls im Aufstellungsfeld[11] stehen. Für viele Klienten ist es jedoch wichtig, „das eigene Leben" aus der Distanz – also von außen – zu betrachten. Die verändernden und integrativen Prozesse der Aufstellungsarbeit finden auch dann statt und sind wirksam, wenn das gesamte Geschehen von ihm „bloß" beobachtet wird. Der Aufstellende vollzieht in jedem Fall die ablaufenden Prozesse unbewusst in seinem emotionalen Feld mit. Sobald die Stellvertreter am Ende einer Aufstellung ihre Positionen verlassen, lösen sie sich sofort aus dem energetischen Feld und damit auch vollständig von den darin enthaltenen Symptomen und Empfindungen. Gelöst ist eine Thematik dann, wenn der Aufstellende durch die Prozesse sowohl körperlich als auch emotional in einen entspannten Zustand kommt. Manchmal bleiben Stellvertreter innerhalb bzw. bis zum Ende des Aufstellungsprozesses „unerlöst", was sich jedoch sofort ändert, wenn sie die Aufstellung räumlich verlassen, sodass sie absolut frei sind von der

---

11) Raum, in dem die Stellvertreteraufstellung innerhalb einer Stuhlrunde stattfindet.

stellverstretend eingenommenen Position/Person. Es ist daher auch nicht notwendig, sich durch spezielle Rituale aus dem Feld zu lösen oder das eigene Feld zu reinigen.

SAA zeichnen sich dadurch aus, dass für die individuellen Lösungsprozesse ausreichend Raum und insbesondere genügend Zeit gegeben wird. Das bedeutet, der Prozess kann für den Aufstellenden nur in seinem Tempo sinnvoll ablaufen und nicht beschleunigt werden. Du kannst es dir so vorstellen: Die Emotionen verhalten sich im Aufstellungsfeld wie Wellen; sie bauen sich langsam auf, schwellen zu ihrer ganzen Kraft an und verebben wieder. Bricht man die Emotion im Prozess des „Anschwellens" ab, ist der ablaufende Prozess für den Aufstellenden nicht heilsam, sondern eher belastend und verstörend. Die Blockade verdichtet sich danach und es ist deutlich fühlbar, dass die Ursache des Problems nicht gelöst, sondern nur „angekratzt" wurde.

Der Wahrheitsausschnitt

Sinnanalytische Aufstellungen dienen auch dazu, zu erkennen, dass unser gesamtes Leben ein Konglomerat von Ereignissen ist, welches ausschließlich in uns selbst – in unseren Vorstellungen, Emotionen, Gefühlen – und in unserer individuell empfundenen Wahrheit „stattfindet". Unser Verstand versucht immer wieder, uns eine gewisse Objektivität zu vermitteln, die es grundsätzlich nicht geben kann. Wie sehr unsere Gefühlswelt einfach nur unsere ganz persönliche Wahrnehmung ist, kann durch die SAA sehr leicht erkannt und tief gehend gefühlt und erfahren werden. Der schlimme emotionale Schmerz, die Ängste und andere Verletzungen aus der Kindheit bilden die Themen des sogenannten „inneren Kindes"[12]. Sie prägen uns nachhaltig, denn sie lassen uns täglich aufs Neue unsere ganz spezielle eigene Wahrheit erleben, die immer und immer wieder eine „Auffrischung" des Vergangenen schafft und sich so zu unserer Zukunft verdichtet. Wir können diese Dynamik durchschauen und Frieden mit dem eigenen Leben schließen, indem wir die Projektionen verlassen und uns für

---

12) Das „innere Kind" gehört zu einer modellhaften Betrachtungsweise innerer Erlebniswelten, die durch Bücher von John Bradshaw und Erika Chopich/Margaret Paul bekannt wurde. Es bezeichnet und symbolisiert die im Gehirn gespeicherten Gefühle, Erinnerungen und Erfahrungen aus der eigenen Kindheit.

unsere authentische Kraft entscheiden. Unser Selbstbewusstsein wächst und das Leben wandelt sich sofort!

Dieser neue Zugang zur eigenen Realität kann in einer großen Aufstellungsrunde im Rahmen eines von Verantwortung getragenen Prozesses mit vielen Menschen und zahlreichen Stellvertretern erfolgen. Er kann aber auch sehr persönlich in einem Zweiergespräch gewonnen werden oder sogar durch einen intensiven Selbsterkenntnisprozess, beispielsweise mithilfe des SAA-Kartensets. Dabei wird eine Aufstellung mittels Begriffskarten durchführt, um einen tieferen Zugang zur eigenen Biografie zu finden.

Veränderungen im Leben sind immer nur im gegenwärtigen Moment möglich. Im Rahmen einer SAA lassen sich aber Vergangenes und Zukünftiges in den gegenwärtigen Moment „holen" und verändern, wie wir später bei den Beispielen noch sehen werden.

Leitung und Moderation

In der Ausbildung zum SAA-Trainer ist es für die Teilnehmer ein Ziel, die eigenen Themen und Lebensproblematiken tief gehend zu erkennen, zu verstehen und weitestgehend zu lösen. Wie bereits erwähnt, muss der Trainer die energetischen Grundlagen der Entwicklung von Blockaden und Emotionen selbst schon erfahren und verstanden haben. Er muss eine genaue Kenntnis davon haben, um die methodischen Möglichkeiten, Strukturen zu lösen, praktisch erfolgreich nutzen zu können. Hat der Trainer seine eigene emotionale Ebene nicht geklärt, besteht die Gefahr, dass er in seiner Leitungsfunktion eigene Thematiken in Aufstellungen hineinträgt und in den Prozess selbst „verwickelt" wird. Dies verfälscht natürlich das Aufstellungsergebnis seiner Klienten.

Sicherlich können zwar für niemanden ausnahmslos alle Themen absolut geklärt werden, aber die Ausbildung zum SAA-Trainer setzt eine weitestgehende Bearbeitung der eigenen Biografie und das Bewusstsein für die persönlichen Lebenszusammenhänge voraus bzw. fördert fortlaufend die weitere Verfeinerung der Selbsterkenntnis.

> Die einzige Aufgabe des SAA-Trainers besteht darin, mit dem eigenen klaren Energiefeld den Klienten zu begleiten und mit der eigenen Bewusstseinskraft für den Klienten klärend und heilend zu wirken.

Der Trainer lernt in seiner Ausbildung unter anderem, zu jedem Zeitpunkt der Aufstellung genau zu erkennen, welche Emotionen sich aufbauen und was sie jeweils auslösen. Er lernt, das gesamte Aufstellungsfeld zu überblicken und alle Positionen der Stellvertreter im Blick zu halten, um den Prozess effektiv und erfolgreich anleiten zu können.

Eine Aufstellung darf außerdem niemals dazu dienen, die oft dramatischen Inhalte und Lebenszusammenhänge als Sensationen darzustellen oder sogar die Aussagen und Erkenntnisse intellektuell zu diskutieren.

Anwendungsfelder und Themen

Grundsätzlich können alle Themen, die uns im Leben bewegen, aufgestellt werden und uns zu mehr Erkenntnis führen sowie zur authentischeren Lebensgestaltung beitragen. Um zielführend zu arbeiten, haben sich im Laufe der Zeit sehr verschiedene Ansätze für Aufstellungsformen ergeben, die aussagekräftig sowohl in kleinen als auch großen Gruppen umgesetzt werden können. Ein Vorteil besteht darin, dass es vonseiten der Teilnehmer und Stellvertreter keinerlei „Vorkenntnisse" braucht, um mitwirken zu können. Im Gegenteil, oftmals ist die Unbefangenheit von Anfängern ausgesprochen hilfreich. Dennoch sollte man in jeder Gruppenarbeit immer respektieren, wenn jemand, der zum ersten Mal da ist, zunächst nur von außen zuschauen möchte, um sich der Aufstellungsarbeit anzunähern, sich einen Überblick zu verschaffen und Sicherheit in der Gruppe zu gewinnen.

Aufstellungen sind immer absolut individuell und nur für den Moment gültig. Werden zu einem Thema mehrere Aufstellungen mit verschiedenen Gruppen durchgeführt, sind die Ergebnisse nie identisch. Dasselbe Thema in einem anderen Rahmen und mit anderen Teilnehmern oder zu einem anderen Zeitpunkt wird vielleicht zu ähnlichen Aussagen führen, die sich annähern, aber sie werden niemals deckungsgleich sein.

Eine SAA ist immer eine Ausnahmesituation für den Klienten: Die durch Stellvertreter generierten Erkenntnisse und Lösungen übertragen sich auf sein energetisches Feld der Aura und führen dort zu einer Neuausrichtung. Ohne dass er mit seiner realen Lebensumgebung das behandelte Thema besprechen muss, ändert sich sein Bewusstseinszustand und die Lebensumstände und die Symptome, und damit der inhaltliche Grund für die Aufstellung, werden sehr schnell oder im Laufe der Zeit verschwinden.

Hier einige Beispiele aus dem täglichen Fragenkatalog meiner Klienten:

Gesundheit
- Wie komme ich aus dem Burn-out heraus?
- Warum leide ich an Schlafstörungen?
- Was ist die Ursache meiner chronischen Darmprobleme?
- Warum habe ich Bluthochdruck?
- Wieso habe ich Krampfadern?
- Warum hat meine Mutter Demenz?
- Wie kann ich mit der ADHS-Krankheit meines Sohnes umgehen?
- Welche Ursache verbirgt sich hinter meiner Neurodermitis?
- Warum habe ich Haarausfall?
- Wieso habe ich Krebs?
- Warum bin ich kinderlos?
- Warum fühle ich mich so einsam?
- Warum habe ich eine Blasenschwäche?
- Warum habe ich Fußpilz?
- Usw. usf.

Liebe/Partnerschaft
- Warum finde ich keinen Partner?
- Was kann ich tun, wenn sich mein Partner immer mehr von mir entfernt?

→ Was kann ich gegen die Eifersucht meiner Partnerin tun?
→ Wie kann ich den Liebeskummer endlich überwinden?
→ Was kann ich gegen meine Angst vor Nähe tun?
→ Warum bekommen wir keinen Nachwuchs?

Arbeit
→ Welche Stelle passt besser zu mir?
→ Warum haben wir seit einigen Wochen so viel Stress im Team?
→ Warum gelingen die Gehaltsverhandlungen nie?
→ Welches Projekt ist lukrativer?
→ Wie behauptet sich unsere Firma am Markt?
→ Warum werde ich gemobbt?
→ Warum werde ich immer kritisiert?
→ Warum fühle ich mich immer als Außenseiter?

Familie
→ Warum klappt es trotz guter gesundheitlicher Voraussetzungen nicht
→ mit dem Kinderwunsch?
→ Was kann ich tun, wenn sich mein Kind immer mehr zurückzieht?
→ Wie können wir die Kommunikation in unserer Familie verbessern?
→ Wie kann ich mich aus alten Familienrollen befreien?
→ Warum hält unsere Familie so stark an Traditionen fest?
→ Warum sind die Kinder so aggressiv?
→ Wie grenze ich mich gegenüber den Eltern und Schiegereltern ab?
→ Usw. usf.

Finanzen/Immobilien
→ Wieso sind wir trotz hoher Geldeinnahmen ständig pleite?
→ Warum fällt es mir so schwer, gut mit Geld umzugehen?
→ Wieso verkauft sich unser Haus nicht?
→ Welche Problematik verbirgt sich hinter dem familiären Erbschaftsstreit?
→ Wie sollte ich mein Geld am besten anlegen?
→ Usw. usf.

Gefühle
→ Warum fällt es mir so schwer, Gefühle zuzulassen?

- → Wie kann ich meine Schüchternheit ablegen?
- → Was kann ich gegen meine starken Gefühlsschwankungen tun?
- → Wie kann ich endlich meine Opferrolle ablegen?
- → Warum werde ich bei jeder Gelegenheit rot?
- → Warum kann ich mich gar nicht mehr selbst fühlen?
- → Usw. usf.

Ängste/Phobien
- → Was verbirgt sich hinter meiner Angst vor bestimmten Tieren?
- → Wie kann ich meine Prüfungsangst überwinden?
- → Warum habe ich so große Angst vor Veränderungen?
- → Wie kann ich meine Flugangst in den Griff kriegen?
- → Wie werde ich mein sorgenvolles Grübeln los?
- → Usw. usf.

Süchte
- → Wie komme ich endlich vom Alkohol los?
- → Was kann ich gegen die Arbeitssucht meines Mannes unternehmen?
- → Warum brauche ich Vitaminpräparate?
- → Wieso scheitert bei mir jede Diät?
- → Wie kann ich meine Liebessucht heilen?
- → Was steckt hinter meiner Abhängigkeit von Tabletten?
- → Warum brauche ich so viel Kontrolle in meinem Leben?
- → Warum kann ich nicht gut alleine sein?
- → Usw. usf.

Formen Sinnanalytischer Aufstellungen

Es gibt unzählige Formate für Aufstellungslösungen. Hier werden die wichtigsten Varianten aufgeführt, beschrieben, mit Beispielen ergänzt, und ich definiere, wann ihr Einsatz sinnvoll und zielführend sein kann.

Übergeordnet wird grundsätzlich die Frage beantwortet: Handelt es sich um eine „Wie"-, eine „Warum"- oder eine „Wohin"-Aufstellung. Außer den sehr effektiven Aufstellungen mit Statisten in der Gruppenarbeit gibt es auch die Möglichkeit, mit Projektionsflächen zu arbeiten. Hierbei fühlt man sich in Objekte, Püppchen oder Aufstellungskarten hinein, um ein ebenfalls aussagekräftiges Ergebnis zu einer Fragestellung zu erlangen.

„Wie"-Aufstellungen

In einer „Wie"-Aufstellung lassen sich all die spezifischen energetischen Beziehungszusammenhänge zwischen Personen, Tieren, Objekten oder Gefühlen durch Stellvertreter darstellen. „Wie"-Aufstellungen bilden die momentane innere Wirklichkeit des Aufstellenden ab, ergänzt durch die Wahrnehmungen der anderen Beteiligten.

Statt eine spezifische Situation nur aus unserem jeweiligen subjektiven Blickwinkel wahrzunehmen, können wir in einer „Wie"-Aufstellung die Vogelperspektive einnehmen. So gewinnen wir einen guten Überblick über unser jeweiliges Anliegen oder Problem und wir können die Sichtweisen der anderen Beteiligten wahrnehmen und nach Möglichkeit tolerieren.

Bei einer „Wie"-Aufstellung bleibt man in der jetzigen Zeitschiene und erlangt den Überblick auf Situationen durch die Komplexität.

Komplexe „Wie"-Aufstellung
(mit mehreren Personen und einem Aufstellungstrainer)

Beispiel 1
Du hast ein Problem mit deiner Schwiegermutter und kannst nicht verstehen, warum sie immer so unnahbar zu dir ist.

In deiner „Wie"-Aufstellung wählst du aus einer Reihe von Statisten Stellvertreter (Abkürzung: SV) für dich selbst, für deinen Partner, für deine Schwiegermutter, für deinen Schwiegervater und vielleicht noch für die Geschwister deines Partners aus und stellst sie in der Mitte des Aufstellungsfeldes und intuitiv positioniert auf.

Jeder der Stellvertreter sagt, wie er sich fühlt.
→ Die SV-Schwiegermutter sagt, sie fühlt sich nicht wohl. Sie meint, du habest immer so hohe Erwartungen und meinest, du seiest die einzig wichtige Person auf der Welt. Sie selbst fühle sich wertlos und beiseitegeschoben.
→ Dein SV sagt, er fühle sich nicht gesehen und dein Partner stehe immer im Mittelpunkt.
→ Die SV-Geschwister deines Partners pflichten deiner SV-Schwiegermutter bei.

Du könntest nun selbst deine eigene Position einnehmen und hineinfühlen; es wird keine Veränderung am Feld vorgenommen und es bleibt bei der einmaligen Befragung aller Beteiligten. Dann wird das Aufstellungsfeld aufgelöst.

Direkte „Wie"-Aufstellung
(zu zweit und ohne ausdrückliche Leitung)

Beispiel 2
Du stellst dich selbst in die Position der Schwiegermutter und einen Stellvertreter auf deine eigene Position. Ihr fühlt beide in die Position hinein und tauscht euch über eure Gefühle aus. Es wird keine Veränderung an der Aufstellungssituation vorgenommen; ihr geht nach dem Austausch bewusst aus den Rollen.

Komplexe „Wie"-Aufstellung
(mit mehreren Personen und einem Aufstellungstrainer)

Beispiel 3
Du wirst im Büro gemobbt und wüsstest gerne den Hintergrund. In einer „Wie"-Aufstellung wählst du Stellvertreter für deine Kolleginnen und deinen

Chef aus. Wenn sie auf ihren Positionen stehen, sagt die erste gleich zu deiner Stellvertreterin: „Du bist immer so übergenau und willst dich beim Chef einschleimen." Die nächste steuert ihr bei und sagt: „Du bist immer pünktlich, rauchst nicht und redest nie mit den anderen über die anderen Kollegen. Du bist einfach ein Außenseiter!" Die dritte Stellvertreterin für eine Kollegin will nichts sagen. Die vierte Stellvertreterin für eine Kollegin sagt: „Du warst bei der letzten Weihnachtsfeier nicht dabei. So was gehört sich nicht!" Der Stellvertreter für den Chef sagt: „Du bist schon in Ordnung, aber viel zu langsam, und du brauchst immer eine Extra-Ansprache." Die Stellvertreterin für dich sagt: „Ich fühle mich überhaupt nicht wohl an meinem Platz und möchte gerne in ein anderes Büro versetzt werden."

Es wird keine Veränderung am Feld vorgenommen; es bleibt bei der einmaligen Befragung aller Beteiligten. Dann wird das Aufstellungsfeld aufgelöst. Im Nachgespräch wird erörtert, was du tun kannst, um aus deiner misslichen Lage herauszukommen.

> Bei einer „Wie"-Aufstellung können belastende Themen aus dem Abstand heraus betrachtet werden; man kann die Empfindungen der anderen Beteiligten wahrnehmen, um eine neue Perspektive im Umgang mit schwierigen Situationen zu entwickeln.

„Warum"-Aufstellungen

Bei einer „Warum"-Aufstellung gehen wir tiefer in die Thematik unserer persönlichen Entwicklung hinein. Immer wenn es Schwierigkeiten mit Menschen im Umfeld gibt, ist die Ursache in uns selbst zu suchen und in den als Blockaden gespeicherten Emotionen. Die Welt ist immer unser Resonanzfeld, das bedeutet: Gibt es Probleme im Außen, dann gibt es zunächst Probleme im Innen, also bei uns selbst und unseren Blockaden im persönlichen Feld.

Vor dem Hintergrund des energetischen Menschenbildes finden energetische Verbindungen zwischen Personen, Projekten, Ereignissen, Tieren oder Situationen zeitlich simultan statt. So ist zu erklären, dass wir durchaus heute noch energetische Verbindungen zu Familienmitgliedern haben, die wir in unserem Leben nie kennengelernt haben, dass vergangene Kriege Auswirkungen auf unser Leben haben können und auch unterschiedliche Gefühle gegenüber verschiedenen Zukunftsszenarien in uns auftreten. Bei einer „Warum"-Aufstellung vermischen sich also sozusagen die verschiedenen Zeit-, Raum- und Wahrnehmungsebenen. Hierbei wird immer ein jetziges Ereignis und Symptom mit alten gespeicherten Blockaden ursächlich in Zusammenhang gesetzt und gelöst, ganz gleich, an welchem Ort die Ursachen stattgefunden haben.

Es könnte zum Beispiel der Fall sein, dass die Oma nach Amerika ausgewandert ist und bei ihrer Geschäftsgründung versagt hat. Du selbst hast diese Oma nie kennengelernt oder getroffen, aber ihre das Versagen betreffenden Glaubenssätze wirken in deinem energetischen Feld als Blockade.

Auch bereits verstorbene Personen und Personen, von denen man gar nicht wusste, können Auswirkungen auf das belastete Feld haben. So kann das schwierige Verhältnis zu deinem längst verstorbenen Vater die Ursache für deine Probleme mit dem jetzigen Chef sein. Wir tauchen in der „Warum"-Aufstellung durch alle Realitätsebenen in die Frage ein: Warum fühle ich mich so oder habe ich dieses oder jenes Problem?

Oftmals ist es hilfreich, nicht nur Personen im Feld aufzustellen, sondern auch Stellvertreter für Emotionen oder Sachverhalte auszuwählen. Das macht den Lösungsweg für alle Beteiligten leichter und die Offensichtlichkeit für den Aufstellenden prägnanter.

Wir nehmen hier als Beispiel das gleiche Thema der anstrengenden Schwiegermutter und schauen, wie in diesem Zusammenhang eine „Warum"-Aufstellung aussehen könnte.

Komplexe „Warum"-Aufstellung
(mit mehreren Personen und einem Aufstellungstrainer)

Beispiel 1

Du wählst aus der Runde der Stellvertreter Personen für folgende Positionen aus: du selbst, dein Partner, deine Schwiegermutter, dein Schwiegervater, die Geschwister deines Partners, deine eigene Mutter, dein eigener Vater und deine eigenen Geschwister, zusätzlich je einen für Unnahbarkeit und für Wut.

Du stellst alle SV deiner Intuition folgend auf und dich selbst in die Mitte der Runde. Jeder Stellvertreter äußert seine Empfindungen.

Ab hier beginnen Dialoge und Prozesse, die die Vergangenheit mit ihren ursächlichen Blockaden mit dem jetzigen Augenblick verbinden. Hier ist der Übergang zur „Warum"- Aufstellung.
→ Deine SV-Mutter dreht sich zu deiner SV-älteren Schwester und hat nur noch Augen für sie.
→ Deine SV-Wut sagt, dass sie es kaum aushalten kann, wenn deine SV-Mutter deine SV-Schwester anschaut.
→ Dein Stellvertreter sagt, dass er Magenschmerzen hat und ihm übel ist.

Es stellt sich heraus, dass deine Mutter bei deiner Schwester eine Zwillingsschwangerschaft hatte und dass das zweite Kind gestorben ist und nur deine Schwester überlebte.
→ Die SV-Mutter fühlt starke Trauer, weint und verabschiedet sich von dem verstorbenen Zwilling.
→ Jetzt wird der Blick der SV-Mutter klar und sie kann auch die anderen SV-Geschwister und deinen Stellvertreter ansehen.
→ Dein SV gibt ihr die Hände und nach einer kurzen Zeit kann sie deinen SV entspannt in den Arm nehmen – mit den Worten: „Ich habe dich noch nie so sehen können!"
→ Du selbst nimmst deine Position ein und stellst dich vor deine SV-Schwiegermutter. Sie sieht dich freundlich an und gibt dir ihre Hände.
→ Deine SV-Wut sagt, dass sie jetzt gehen kann.

→ Deine SV-Schwiegermutter sagt, dass sie dich mag und sich nichts Besseres für ihren Sohn vorstellen kann.

Wenn sich die Situation für alle Beteiligten entspannt und gelöst anfühlt, wird die Runde aufgelöst. Es folgt ein kurzes Nachgespräch zwischen Aufstellungstrainer und Aufstellendem, in dem man das weitere Vorgehen vereinbaren kann.

Gut ist, wenn der Aufstellende das Erlebte auf der emotionalen Ebene zulassen kann, ohne es intellektuell zu interpretieren. Der Verstand, der von unserem Ego gesteuert ist, hat die Tendenz, die alten Blockaden wiederzubeleben; das kann sich für eine konstruktive emotionale Neuausrichtung und Veränderung hinderlich auswirken.

Bei den Varianten der **freien „Wie"**- oder **„Warum"-Aufstellung** wird das Thema der Aufstellung im Vorfeld mit dem Aufstellenden besprochen und festgelegt. Das Thema richtet sich an den Bedürfnissen des Aufstellenden aus: Sein Ziel soll erreicht, seine Frage ans Leben beantwortet werden. Hier können alle Themen des Lebens behandelt werden: Partnerschaft, Gesundheit, Geld, Haustier, Erziehung, Auto, Haus, Familie, Erbschaft usw. Es sind hier keine Grenzen gesetzt.

> Bei einer „Warum"-Betrachtung können belastende Themen ursächlich und tief gehend geklärt und aufgelöst werden. Man bewegt sich durch die verschiedensten Zeit- und Raumebenen.

Kleine „Warum"-Aufstellung
(mit vier Personen)

Beispiel 2

Du wählst von den Personen eine aus, die als SV für deine Schwiegermutter steht. Eine Person wird ausgewählt, die dein Ziel für dieses Thema darstellt, z. B. Freiheit oder Entspannung. Eine weitere Person wird dein Begleiter für die Aufstellung.

→ Du gehst aus ca. drei Metern Abstand langsam auf dein SV-Ziel zu, der SV-Schwiegermutter stellt sich zwischen dich und dein Ziel als Blockade. Du sprichst mit ihm, fühlst ihn und versuchst die Ursache der Blockade zu lösen.

→ Der Begleiter unterstützt dich auf deinem Weg durch zielgerichtete Fragen und Anregungen.

Die Lösung besteht darin, dein Ziel – Freiheit oder Entspannung – zu erreichen über den Weg der Klärung der „Warum"-Frage an deine SV-Schwiegermutter. Am Ende solltest du dich mit deinem SV-Ziel intensiv verbunden fühlen, ihm die Hände reichen, die Augen schließen, die Kraft dieser Verbindung auf dich wirken lassen und diesen Zustand und das Gefühl der nachhaltigen Verbundenheit genießen. Der Begleiter hat Abstand vom Geschehen und kann aus dieser Position zielführend und liebevoll Beistand leisten.

Diese Art der SAA wird in der heilenergetischen Arbeit häufig angewendet. Hier kann man mit wenigen Stellvertretern sehr intensiv und zielorientiert selbst äußerst belastende emotionale Themen klären. Häufig wird diese Aufstellungsart eingesetzt, wenn ein bestimmtes emotionales Ziel erreicht werden soll und man im Vorfeld nicht genau weiß, welche Blockade von welcher Person aus welcher Zeit und in welchem persönlichen Alter dem eigenen Ziel im Weg steht. Will man zum Beispiel die Liebe in seinem Leben erreichen und den eigenen Wert sowie Würde, Freiheit, Genuss, Geld oder Erfolg usw., kann man genau schauen, was einem noch im Weg steht, und es auf die beschriebene Weise effektiv und nachhaltig lösen.

Das veränderte Gefühl – wenn das Ziel erreicht ist, die Hände verbunden sind und der Energiefluss zu spüren ist – wird vom Bewusstsein gespeichert und kann bei Bedarf in der Zukunft „abgerufen" werden. So bekommt das Bewusstsein neue Kraft bringende emotionale Definitionen zu positiven Begriffen.

„Wohin"-Aufstellungen

Täglich treffen wir Entscheidungen: Welche Produkte wir im Supermarkt in unseren Einkaufskorb legen, welchen Weg wir zur Arbeit wählen, wie wir den Abend verbringen werden oder ob wir heute noch einmal einen Freund anrufen. Entscheidungen gehören zum Leben dazu, bringen Kraft, Wachstum und Entwicklung.

Wer keine Entscheidungen im Leben trifft, läuft dagegen Gefahr, im Wartezimmer seines Lebens ausgebremst zu bleiben. Statt sein Leben bewusst anzugehen, kann es schnell passieren, dass man die Eigenverantwortung für sein Lebensglück anderen Personen oder äußeren Umständen überlässt. Niedergeschlagenheit, Ohnmachtsgefühle oder Selbstmitleid sind nur einige wenige belastende Gefühle, die aus Vermeidung von Entscheidung resultieren. Manchmal vermeiden wir aber auch Entscheidungen, weil es uns schlichtweg schwerfällt, die richtige Entscheidung zu treffen: Welche Arbeitsstelle ist für mich die beste? Soll ich mich wirklich von meinem Partner trennen? In welches Projekt soll ich mein Geld am besten investieren? Zu komplex erscheint uns die Gesamtsituation, um jeden Aspekt abwägen zu können, zu groß erscheinen uns die Konsequenzen, wenn wir ggf. eine negative Entscheidung treffen, zu unbeständig sind andere Faktoren, die in der Entscheidung eine Rolle spielen. An dieser Stelle können sinnanalytische „Wohin"-Aufstellungen einen wichtigen und wertvollen Beitrag leisten.

> „Wohin"-Aufstellungen bieten die Möglichkeit,
> verschiedene Handlungsoptionen hinsichtlich der
> daraus resultierenden Konsequenzen auszuloten.
> Auf diese Weise lassen sich die Folgen
> verschiedener Entscheidungen bereits im Vorfeld
> erkennen und wandeln.

Die Ausgangsbasis ist die Einsicht des energetischen Weltbildes, dass Raum und Zeit nur Konstruktionen des menschlichen Verstandes sind. Im Rahmen einer sinnanalytischen „Wohin"-Aufstellung können wir uns dieses Phänomen zunutze machen, um die verschiedenen Möglichkeiten und Optionen der Zukunft energetisch zu beleuchten und um eine für uns passgenaue Entscheidung für die Zukunft zu treffen bzw. diese anzupassen.

„Wohin"-Aufstellung
(mit Personen)

Du hast dich beruflich um verschiedene Stellen in anderen Städten beworben. Alle Stellen gefallen dir gut und du hast überall bereits Zusagen erhalten. Dir fehlen die Parameter, dir schwirrt der Kopf und du brauchst eine Entscheidungshilfe.

Beispiel 1
→ Wähle für jedes der Jobangebote einen SV aus und stelle sie alle vor dich hin.
→ Warte einen Moment und befrage sie nacheinander, wie sie sich fühlen.

Beispiel 2
→ Nimm dir jede Stelle einzeln vor: Stelle jeweils einen SV für den Job, die Stadt, die sozialen Verbindungen, deine Freizeit und deine Gesundheit.
→ Befrage sie nacheinander, wie sie sich fühlen.

„Wohin"-Aufstellung
(mit Hilfsmitteln)

Beispiel 3
Hier hast du einen riesigen Fächer an Möglichkeiten; alles, was dir einfällt, kannst du als Projektionsfläche für deine Frage nutzen. Das bedeutet: Das ausgewählte Objekt dient dir dazu, die vielen Möglichkeiten außerhalb deines Kopfes zu „sortieren", um die Entscheidungssituation auf diese Weise zu klären und zu einer Entscheidung zu finden.

→ Nimm Schuhe, Kissen, Tassen, Büroklammern, Radiergummis, Gummibärchen als SV – oder was du gerade zur Hand hast.
→ Fühle dich in das SV-Objekt hinein, um eine befriedigende Antwort auf deine Frage zu bekommen.

Beispiel 4

Ein klassisches Arbeiten mit Karten[13]: Nimm das „Sinnanalytische Aufstellungskartenset"[14] zur Hand, wähle die zum Thema passenden Karten aus und lege sie auf einer freien Fläche aus. Lege sie so hin, wie es dir intuitiv einfällt.
→ Fühle dich nun in die Karten hinein.
→ Lege die Karten nach Gefühl um und finde die für dich beste Lösung.

Beispiel 5

Sehr beliebt ist auch das unkomplizierte Format einer „Zettel"-Aufstellung; es kann zu Hause schnell und ohne großen Aufwand selbst durchgeführt werden. Hierbei schreibt man zu einer bestimmten Frage oder zu einem konkreten Anliegen die verschiedenen Möglichkeiten auf einzelne Zettel (am besten DIN A5), legt diese verdeckt auf dem Boden aus und stellt sich selbst jeweils mit den Füßen darauf. Man verweilt ca. zehn Sekunden auf einer Möglichkeit, spürt in sich selbst hinein und erforscht auf diese Weise, was „geschieht". Ist der Stand fest und stabil und fühlt man sich sicher, ist diese Option als Lösung sinnvoll. Ist jedoch das Empfinden unstet und instabil – beispielsweise wird einem schwindelig, eine Körperseite fühlt sich schwächer an als die andere, man wackelt hin und her, schwankt vor und zurück oder „kippt" sogar von dem Zettel –, ist das ein Hinweis darauf, dass diese Option nicht für die weitere persönliche Entwicklung hilfreich wäre.

Erklärung: Alles, was materiell existiert, besitzt ein Energiefeld, das bereits vorher schon existiert hat. Wenn wir ein Wort auf einen Zettel schreiben, besitzt dieses Wort ein energetisches Feld. Stellen wir uns selbst direkt auf diesen Zettel, geht unsere Aura mit dem Energiefeld des Wortes in Resonanz. Unser Energiefeld reagiert entsprechend und damit auch unser Körper. (Ein ähnliches Prinzip wirkt bei der Kinesiologie.) Wir spüren physisch entweder Stabilität oder Instabilität. Ausschlaggebend sind die ersten zehn

---

13) Detaillierte Ablaufbeispiele ab der Seite 158
14) „Aufstellungssache!", Kartenset von Stefanie Menzel, Lüchow Verlag 2017

Sekunden der Resonanz, da hier die spontane aktuelle Reaktion erkennbar wird. Stehen wir länger auf dem Zettel, kommen unter Umständen alte Thematiken aus unserem Energiefeld hoch und wir reagieren sozusagen über, sodass das Ergebnis nicht mehr eindeutig ist.

Komplexe Aufstellungsformen

Komplexe Aufstellung A:
(mit Personen und großen Gruppen)

Mit diesem Aufstellungsformat kann ein übergeordnetes Thema von allgemeinem Interesse behandelt werden. Es dient beispielsweise dazu, zu einem vielschichtigen Begriff oder traditionellen Wert ein besseres Verständnis bzw. einen Überblick zu gewinnen. Das können Themen aus Religion und Philosophie sein, aber auch zwischenmenschliche Aspekte, sozial-kulturelles Geschehen, Naturgegebenheiten oder essenzielle Grundempfindungen, wie zum Beispiel das Thema „Schuld". Schuld kann etwa in Zusammenhang mit der sogenannten Erbsünde und dem Fall aus dem Paradies erforscht werden, aber auch in Verbindung mit dem Holocaust usw. Um das noch deutlicher zu machen, habe ich eine kleine Liste von Themen zusammengestellt, die sowohl das kollektive Verständnis der Teilnehmer als Gruppe erweitern, aber auch bei Einzelnen zu wirksamen individuellen Lösungsprozessen führen können:

→ Mann/Frau
→ Das letzte Abendmahl/der Sündenfall/das Jüngste Gericht usw.
→ Sexualität allgemein
→ Politische Strukturen/Gipfeltreffen/Parteiprogramme usw.
→ Historische Ereignisse/Kriege/Bündnisse
→ Naturgewalten/-katastrophen
→ Geld/Reichtum/Inflation/Finanzkrisen usw.

Oder auch als Frage formuliert:
→ Wie fühlt sich die Welt in der Zukunft an?
→ Darf der Mensch über Nutztiere einfach verfügen?
→ U. v. a. m.

Aufgestellt werden Stellvertreter für Einzelpersonen, für Gruppen, für Länder, Ereignisse oder bestimmte Themenkomplexe usw. Bei einer komplexen Aufstellung werden Informationen oder Antworten und Eindrücke ausschließlich über diese Einzelwahrnehmungen und das Sich-Hineinfühlen gewonnen, während die SV ihre Position nicht verändern.

Komplexe Aufstellungen B:
(in Schulen zu Sachthemen mit Klassen)

Jeder kennt das aus der eigenen Schulzeit: Der trockene und langweilige Unterrichtsstoff wird von den Schülern kaum oder nur mühsam aufgenommen. Bei der SAA werden leichtere Zugänge zu einem Thema auf einer emotional-intelligenten Ebene geschaffen. Die Schüler nehmen die Lerninhalte so auf, dass sie an Gefühle gekoppelt im Langzeitgedächtnis gespeichert werden können, beispielsweise bei folgenden Formaten:
→ „Literatur"-Aufstellung
→ „Geschichte"-Aufstellung
→ „Grammatik"-Aufstellung
→ „Mathematik"-Aufstellung
→ Usw.

Beispiel 1
(mit Zetteln)
→ Zu einem Thema werden Zettel mit den entsprechenden Rollen beschrieben und verdeckt auf dem Boden ausgelegt.
→ Die Stellvertreter wählen selbst einen der Zettel aus, stellen sich darauf und fühlen hinein.
→ Die Gruppe kann sich untereinander über die Wahrnehmungen austauschen.
→ Die Zettel werden gewendet und die zu den Wahrnehmungen gehörigen Positionen ermittelt.

Beispiel 2
→ Die Zettel werden wie im Beispiel 1 beschriftet, jedoch auf den Rückseiten nummeriert.
→ Der Aufbau erfolgt wie im Beispiel 1.

→ Die Stellvertreter fühlen sich nacheinander in jeden der Zettel ein und machen sich Notizen zu den Wahrnehmungen.
→ Dann werden die Zettel „gelüftet" und jeder kann seine eigene Resonanz mit den entsprechenden Positionen im Zusammenhang sehen. Hierzu sollte natürlich die Rückseite der Zettel nummeriert sein.

Aufstellungen zu persönlichen Aspekten
(mit Personen in kleinen Gruppen)

Diese Art der Aufstellung dient ganz gezielt dazu, die eigene Person und die eigenen Blockaden in verschiedenen Lebensbereichen besser erkennen und bei Bedarf lösen zu können.

„Organ"-Aufstellung

Unser Körper hat alle energetischen Blockaden lebenslang gespeichert; er reagiert mit Schmerz, damit wir eine Blockade erkennen und lösen können. Wenn wir es verlernt haben, auf den Körper zu hören, „verrutschen" die Gefühle ins Unterbewusstsein. Die Organe oder Organsysteme sind dann zwar belastet, wir nehmen den Schmerz jedoch nicht mehr als Belastung wahr und unser Körper nimmt eine Schonhaltung ein.

Um den Organen sozusagen eine Stimme zu geben, eignet sich beispielsweise eine „Organ"-Aufstellung hervorragend.

Beispiel 1
→ Es werden fünf Stellvertreter für einzelne Organe aufgestellt – entweder offen (SV-Personen) oder auch verdeckt (SV-Personen auf Zetteln stehend).
→ Der Aufstellende selbst stellt sich ihnen gegenüber, fragt nach, wie sie sich fühlen, und macht sich Notizen dazu.
→ Im nächsten Schritt geht der Aufstellende zu einer „Warum"-Aufstellung über und ergründet die Ursachen und Auslöser. (Beispiele für Fragen: Woher kommen die Belastungen? Welches Ereignis oder welche Person war der Auslöser? Usw.)
→ Durch den Austausch zu den Wahrnehmungen oder durch Berührung kann eine Lösung der Belastungen herbeigeführt werden.

Wichtiger Hinweis

Bei einer „Organ"-Aufstellung sollte das Herz grundsätzlich immer mit aufgestellt werden, denn das Herz ist energetisch von zentraler Bedeutung und sollte die Führung bei der Problemlösung übernehmen. Oftmals haben andere Organe die Aufgabe des Herzens übernommen, sodass wir in der Folge überfordert bzw. krank werden. Dem Herz den angemessenen Platz einzuräumen, ist eine wesentliche und hilfreiche Komponente des heilenden Lösungsprozesses bei „Organ"-Aufstellungen.

„Rollen"-Aufstellung

Wir alle erfüllen verschiedene Rollen in unserem Leben. Bei einer „Rollen"-Aufstellung kann man sich einzelne Aspekte dieser Rollen und die dahinter wirkenden Blockaden genauer anschauen und lösen.

Beispiel 2
→ Es werden fünf Stellvertreter für verschiedene Rollen aufgestellt. Der Aufstellende selbst stellt sich ihnen gegenüber und fragt nach, wie es ihnen geht.
→ Im nächsten Schritt geht man über zu einer „Warum"-Aufstellung und ergründet fragend die Ursachen bzw. Auslöser usw. (Beispielsweise: Wann hat sich die Rolle aufgebaut? Welche Blockade beinhaltet die Rolle?)
→ Durch den Austausch zu den Wahrnehmungen oder durch Berührung kann eine Lösung alter Familienstrukturen herbeigeführt werden.

Variante „Eigene Opfer-Rolle"

Beispiel 3
→ Es werden fünf Stellvertreter für verschiedene „Opfer"-Rollen aufgestellt.
→ Der Aufstellende selbst stellt sich ihnen als „Täter" gegenüber und fragt nach, wie es ihnen geht (mit Notizen).
→ Im nächsten Schritt geht man über zu einer „Warum"-Aufstellung und ergründet die Ursachen bzw. Auslöser usw. (Beispielsweise: Seit wann besteht die Opferposition? Was hat zu dieser Positionierung geführt?)
→ Durch den Austausch zu den Wahrnehmungen oder durch Berührung kann eine Lösung energetischer Strukturen und Muster herbeigeführt werden.

Ablauf einer Aufstellung mit Stellvertretern

Allgemeines

Eine Sinnanalytische Aufstellung dauert in etwa 60-90 Minuten.

Während einer SAA kann alles, was geschieht, auf den Prozess bezogen von Bedeutung sein. Daher wird nichts als hinderliche „Störung von außen" betrachtet, im Gegenteil: Alles, was im Aufstellungsraum geschieht, ist Teil des energetischen Prozessfeldes und sollte (mental) vom Trainer in den Ablauf integriert werden. Dies bedeutet beispielsweise, dass die Handys nicht abgeschaltet werden müssen, dass Teilnehmer durchaus den Raum verlassen dürfen, wenn sie zur Toilette müssen, dass der Hund mitgebracht werden darf oder ganz allgemein die Stellvertreter ihren eigenen Impulsen folgen dürfen.

Die Vorbereitungen

Sinnanalytische Aufstellungen sind als Erkenntnisweg und Prozess zu verstehen. Das Ziel ist immer, dem Klienten eine neue Perspektive auf seine Lebenszusammenhänge und konkrete Lösungsansätze für seine Blockaden und damit für seine Symptome zu bieten. Eine SAA wird immer durch ein ausführliches Vorgespräch vorbereitet.

Ziel des Vorgespräches ist es, die Intentionen, Wünsche und Ziele des Klienten zu erfragen sowie ein realistisches Aufstellungsziel zu formulieren. Ebenso wird der Ablauf der Aufstellung besprochen sowie auf die (möglichst schriftlich zu unterzeichnende) Eigenverantwortungserklärung des Klienten hingewiesen. (Leitfaden zum Vorgespräch im Anhang)

Der Klient braucht viel Vertrauen in den Trainer, um sich auf eine Aufstellung mit Stellvertretern einzulassen. Der Trainer sollte entsprechend achtsam und liebevoll mit dem Anliegen des Klienten umgehen. Für die Teilnehmer einer SAA gilt die Schweigepflicht, das heißt, auf keinen Fall außerhalb der Aufstellungsrunde über die Aufstellungsthemen und -abläufe bzw. -prozesse zu diskutieren und diese auch nicht nach außen zu tragen oder Dritten mitzuteilen.

Alle Teilnehmer sind selbstverantwortlich und sollten eine entsprechende Vereinbarung unterzeichnen. (Variante im Anhang)

Der Aufstellungstrainer sollte in jedem Fall auch nach der SAA für alle Teilnehmer erreichbar sein, falls sich nachträglich Bedarf ergibt.

Die einleitende Meditation

Jede Sinnanalytische Aufstellung beginnt mit einer kurzen Meditation mit dem Aufstellungstrainer, die darauf abzielt, dass die Teilnehmer im Raum innerlich ankommen können und sich bewusst auf die energetischen Zusammenhänge zwischen den aufzustellenden Positionen (Personen, Tiere, Verstorbene usw.) einzustellen bzw. zu konzentrieren. (Eine erprobte hilfreiche und sinnvolle Variante für diesen Einstieg findest du im Anhang.)

Der SAA-Ablauf

Eine Runde von Menschen (10 bis 40 Personen oder mehr) sitzt zusammen in einem Stuhlkreis. (Die Teilnehmer brauchen keinerlei Vorkenntnisse.) Das im Vorfeld mit dem Trainer besprochene Thema wird vom Aufstellenden selbst in einem kurzen Satz vorgestellt. (Beispiel: „Ich möchte mein schmerzendes Knie aufstellen.")

→ Der Trainer fordert den Aufstellenden auf, Stellvertreter aus der Runde auszuwählen. Zunächst wird der SV für ihn selbst bestimmt, dann die für die anderen Positionen, Rollen oder Personen usw.

→ Der Aufstellende sucht intuitiv die entsprechenden Personen aus, nimmt sie an die Hand und stellt sie in der Mitte des Stuhlkreises so positioniert auf, wie es ihm passend zu sein scheint.

(Jeder Teilnehmer darf die Stellvertreterposition ablehnen, wenn er spürt, dass die Position für ihn selbst nicht passt.)

→ Der Aufstellende selbst nimmt im Stuhlkreis einen Platz ein.
→ Sobald die SV auf ihrem Platz stehen, werden meistens für die Beteiligten Empfindungen körperlicher oder emotionaler Art wahrnehmbar.
→ Der Trainer (frei stehend) befragt sie der Reihe nach nach ihrem Befinden.
→ Der Trainer ergänzt die Aufstellungsrunde intuitiv durch ihm wichtig erscheinende Aspekte durch weitere Stellvertreter.
→ Die Stellvertreter werden erneut nach ihrem Befinden befragt.
→ Die Stellvertreter dürfen nach eigenem Empfinden ihre Position verändern.
→ Der Trainer verändert die Positionen der SV und lässt der Gruppe immer wieder genügend Zeit, um zu spüren und Veränderungen wahrzunehmen.

(Ziel: Blockierte Emotionen sollen offensichtlich gemacht und durch die ablaufenden energetischen Prozesse gelöst werden.)

→ Stellvertreter für Aspekte, die sich als unwichtig herausstellen, dürfen nach Aufforderung des Trainers das Feld verlassen und sich setzen.
→ Wenn die Aufstellung dem Ende zugeht, sollte der Aufstellende selbst seine Position im Feld einnehmen. Sein SV kann ihn weiterhin begleiten oder ebenfalls das Feld verlassen.
→ Durch Berührung, das Reichen der Hände, das In-den-Arm-Nehmen oder einfach durch das Lösen der Blockaden im Prozess entspannt sich das gesamte Feld.
→ Ist der Aufstellende entspannt und gelöst und kann er das Ergebnis der Aufstellung für sich als Lösung annehmen, wird die Aufstellung durch den Trainer beendet.
→ Die SV verlassen das „heilende Aufstellungsfeld".

(Die Stellvertreter bedürfen keinerlei ritueller Methoden oder Reinigungstechniken, um sich aus dem energetischen Feld zu lösen.)

Das Nachgespräch

Im Anschluss sollte der Trainer ein kurzes Gespräch mit dem Klienten führen, um zu klären, ob es Missverständnisse oder offene Fragen gibt und ob das Aufstellungsergebnis von dem Klienten angenommen werden kann.

Es kann auch gemeinsam besprochen werden, welche weiteren Schritte ggf. sinnvoll für den Klienten sind.

Hinweis:
Die eigentliche Wirkung einer Aufstellung findet auf der energetischen Ebene oder „Sinn"-Ebene statt. Während der Verstand versucht, Erklärungen und Beweise in der eigenen Biografie zu finden und die alten Muster wiederherzustellen, haben sich energetisch gesehen die Strukturen des Energiefeldes des Klienten verändert und Blockaden sind ggf. gelöst worden. Diese Veränderungen müssen sich nun in dem Energiefeld des Klienten (nach und nach) erst integrieren. Zu viel „Verstand" ist deshalb zu diesem Zeitpunkt nicht förderlich, da sonst die gelösten Strukturen eher wieder fixiert werden.

Die Integrationsphase

Die Zeit nach der SAA bis zum nächsten begleitenden Gespräch nach etwa 14 Tagen wird als Integrationsphase verstanden. Das Energiefeld des Klienten integriert die neuen Aspekte und die frei gewordene Energie. Hierbei ist es wichtig, in den Tagen nach der Aufstellung viel zu trinken und zu schlafen, um diesen subtilen Prozess zu unterstützen. Das heißt auch, möglichst nicht sofort wieder in das komplexe Alltagsgeschehen einzusteigen, sondern sich viel Ruhe zu gönnen.

Nachwirkungen:
Es kann u. U. zu leichten Effekten kommen, beispielsweise einer leichten Erkältung oder Durchfall, die jedoch nicht als unabhängig davon auftauchende Krankheit missverstanden werden sollten.

Die Intention ist immer lösungsorientiert. Alle Aspekte im Leben des Aufstellenden werden nur insofern beleuchtet, als sie seinem Leben hier und jetzt dienen und zur Lösung seiner Problematik beitragen können. Voyeurismus ist vollkommen fehl am Platz und nicht zielführend.

> Das subjektive Wohl des Aufstellenden und sein
> mit der Aufstellung verbundenes Ziel stehen im
> Mittelpunkt der Aufstellung.

Voraussetzung ist, dass das Ergebnis offen bleibt. Eine SAA ist ergebnisoffen. Sie stellt einen Erkenntnisweg dar und hat eine therapeutische Funktion. Manipulationen oder Korrekturen zugunsten vermeintlicher „Ordnungen" im energetischen Beziehungsgefüge sind nicht zulässig und entsprechen auch nicht dem Menschenbild der Heilenergetik.

Der Trainer ist erfahren und kompetent. Bei einer SAA wird stets nur die subjektive Wirklichkeit bzw. der energetische Zusammenhang aus Sicht des Aufstellenden abgebildet. Mit Kompetenz, Respekt und Wertschätzung unterstützt der Aufstellungstrainer den Aufstellenden darin, sich ein übersichtliches Bild über die Zusammenhänge seines Lebens zu machen. Dennoch bleibt der Aufstellende zu jedem Zeitpunkt der Experte seiner eigenen Wahrnehmungen und Gefühle.

Zu jedem Zeitpunkt ist die Teilnahme freiwillig. Eine SAA wird nur dann durchgeführt, wenn sowohl der Aufstellungstrainer, der Aufstellende, die Stellvertreter und auch die Beobachter ihr Einverständnis gegeben haben. Möchte jemand nicht aufgestellt werden oder auch während der Aufstellung aus seiner Rolle heraustreten, ist dies zu jedem Zeitpunkt möglich.

Jeder Teilnehmer setzt für sich Grenzen. Eine SAA findet in einem Rahmen statt, der die Grenzen eines jeden Teilnehmers achtet und respektiert. Dies bedeutet, dass der Aufstellungstrainer zunächst einmal für sich selbst und für das Setting seiner Aufstellung Grenzen setzt. Er sorgt dafür, dass die Aufstellung konstruktiv, zielführend und friedlich abläuft. Kann dies aus irgendeinem Grund nicht erreicht werden, wird er die Aufstellung abbrechen. Ebenso schützt er je nach Notwendigkeit die Teilnehmer vor verbalen, emotionalen oder körperlichen Übergriffen anderer.

Auch der Aufstellende setzt im Vorfeld Grenzen für sich selbst. Er entscheidet über das Ziel der Aufstellung, die Auswahl der Stellvertreter und er bestimmt, inwieweit er sich aktiv einbringen möchte.

Letztlich bestimmen auch die Stellvertreter ihre Grenzen und entscheiden selbst, ob sie aufgestellt werden möchten bzw. ob sie zu jedem Zeitpunkt der Aufstellung aktiv teilnehmen wollen.

Die Beobachter einer Sinnanalytischen Aufstellung entscheiden für sich selbst, ob sie der Aufstellung beiwohnen oder ggf. während der Aufstellung zu ihrem eigenen Wohl den Raum verlassen möchten.

Erfahrungsbericht Klara

Klara – aus unserem Eingangsbeispiel - will sich gerne auf den Versuch einer SAA einlassen. Sie kommt zu einem meiner Aufstellungsabende und konkretisiert ihr Thema in einem Satz: „Ich möchte wissen, warum ich keinen Partner finde."

Ich bitte sie, jeweils Stellvertreter für ihre eigene Person zu wählen, für einen potenziellen Partner, für ihre Mutter, für ihren Vater, für die Wut und jeweils für ihre Großmutter und ihren Großvater.

Die Stellvertreter[15] nehmen ihre Plätze ein und Klara schaut von ihrem Platz in der Runde aus zu.

Klaras Stellvertreterin nimmt den SV-Partner nicht wahr. Dieser geht ein paar Schritte zurück und sagt, er stehe hier nicht gerne, da kein Platz für ihn sei.

Die SV-Mutter schaut verächtlich zum SV-Vater, der SV-Vater beugt seinen Kopf und sagt, er fühle sich „total außen vor" und sei wütend.

---

15) Im Beispiel Klaras ist das Geschlecht der SV entsprechend dem Geschlecht der Personen, aber das ist keine zwingende Voraussetzung bei einer SAA. Entscheidend ist die intuitive Wahl des Aufstellenden bzw. auch die Verfügbarkeit von männlichen und weiblichen SV.

Die SV-Mutter wendet sich ihren SV-Eltern zu.

Die SV-Großmutter sagt zu ihr, dass Männer nichts wert seien. Sie könnten nichts und seien unzuverlässig. Die SV-Mutter nickt zustimmend und sagt, dass „keine Frau so was braucht".

(Wir erfahren, dass Klaras Großvater im Krieg gestorben ist und die Großmutter die Kinder – wie in dieser Generation üblich – allein großgezogen hat.)

Der SV-Großvater dreht sich weg.

Ich bitte die SV-Großmutter, alle Glaubenssätze aufzusagen, die ihr im Zusammenhang mit Männern einfallen. Als ihr jedoch kein Satz einfällt, bitte ich einen weiteren Stellvertreter in die Aufstellung, der für die Glaubenssätze steht. Dieser schließt die Augen und sprudelt los: „... wollen nur das eine, sind faul, gehen fremd, sind unzuverlässig, kümmern sich nicht um die Kinder, sind nie da, wenn man sie braucht, trinken gerne ..."

Der SV-Vater kocht vor Wut und sagt, er fühle sich „total ausgenutzt".

Die SV-Wut geht zu ihm hin.

Klaras SV hat Tränen in den Augen. Sie geht zur SV-Großmutter und schaut sie an.

Der Glaubenssätze-SV legt seine Hand auf die Schulter der SV-Klara.

Die SV-Großmutter sagt: „Ja, mein Kind, so sind die Männer. Die brauchen wir starken Frauen nicht! Sieh dir nur deinen Vater an, der ist auch so einer."

Die SV-Klara weint und sagt zur SV-Großmutter: „Das ist deine Erfahrung, aber ich möchte einen Mann haben, der mich liebt. Bitte lass deine Glaubenssätze bei dir!" Sie nimmt die Hand des Glaubenssätze-SV von ihrer Schulter und legt sie in die Hand der SV-Großmutter.

Die SV-Wut geht jetzt zur SV-Klara.

Die SV-Klara wendet sich mit der SV-Wut zur SV-Mutter und sagt: „Siehst du eigentlich, was hier los ist? Ich trage euren alten Scheiß. Kein Mann will mich haben, nur weil ihr mir so einen Mist vermittelt habt, ich hasse euch!"

Die SV-Mutter kommt hinzu und sagt weinend: „Jetzt erkenne ich erst, wie sehr mich die Glaubenssätze der Großmutter geprägt haben. Ich habe den Papa immer verachtet. Es tut mir sehr leid. Lass die Themen bei uns und suche dir einen Partner. Du brauchst unsere Themen nicht mehr zu tragen."

Ich bitte nun die SV-Klara, ihre eigene Position einzunehmen. Sie tut es nur zögerlich und steht inmitten der anderen Stellvertreter, während die SV-Wut immer noch unterstützend hinter ihr bleibt.

SV-Großmutter und SV-Mutter blicken zu Boden, der SV-Vater wendet sich der SV-Klara zu, reicht ihr beide Hände und sagt: „Ich wünsche dir einen wundervollen Partner. Männer sind gut, so, wie sie sind. Geh deinen Weg!"

Die SV-Mutter wendet sich der SV-Klara zu und sagt: „Entschuldige bitte, ich habe das nicht gemerkt und nicht gewollt."

Die SV-Wut verlässt die Runde und der SV-Partner rückt unmerklich näher an die SV-Klara heran. Er sagt: „Jetzt bist du für mich interessant, ich kann dich erst jetzt wahrnehmen. Wo kann ich dich treffen?"

Die SV-Klara nimmt ihre SV-Mutter und den SV-Vater in den Arm. Alle drei weinen und entspannen sich.

Dem Stellvertreter für einen potenziellen Partner gibt die SV-Klara die Hände und lächelt ihn glücklich an.

Die Aufstellung ist beendet.

In unserem Nachgespräch ist Klara ganz fröhlich und freut sich über das Ergebnis. Sie ist besonders beeindruckt davon, dass die Stellvertreter genau die Worte gefunden haben, die sie von ihren Eltern oder ihrer Großmutter kennt.

Wir verabreden uns zu einem Nachtermin in 14 Tagen.

Bei diesem Termin berichtet Klara, ihre Eltern hätten sich nach dem Aufstellungstag irgendwie verändert, aber sonst habe sich nichts Konkretes getan. Die Eltern würden zwar viel netter miteinander umgehen, aber das liege ja sicher am Frühling oder so.

Zwei Monate später ruft Klara mich an und berichtet: „Du glaubst nicht, was passiert ist! Ich habe einen Traummann kennengelernt, einfach so, beim Einkaufen an der Kasse. Er hat mir beim Einpacken meiner Tüten geholfen und sie mir zum Auto getragen! Wir haben uns beide verliebt, ist das nicht klasse?"

Ablauf einer Zettelaufstellung

Ein fiktives Beispiel soll hier den Ablauf einer sinnanalytischen Zettelaufstellung simulieren, um dir eine Hilfestellung zu geben, wenn du mit diesem Aufstellungsformat arbeiten möchtest.

Beispiel „Melanie"
Melanie leidet unter einer Job-Situation, sie hat den Eindruck, das Verhalten ihrer Kollegin Anna nicht mehr einschätzen können und ist dadurch im Umgang mit ihr, aber auch mit anderen Kollegen, verunsichert.

Mithilfe der Vorlage „Vorbereitungsgespräch" (im Anhang) kann sich Melanie zunächst ihr Anliegen und den Anlass der Aufstellung bewusstmachen.
→ Was veranlasst Melanie zu einer sinnanalytischen „Wie"-Aufstellung?
→ Welches Ziel soll mit der SAA verfolgt werden?

Melanie formuliert das Ziel der „Wie"-Aufstellung: Sie möchte ein übersichtliches Bild der Zusammenhänge ihrer Situation und ein Verständnis der Beziehung zwischen ihr und ihrer Kollegin Anna erreichen.

Welche Stellvertreter-Zettel (am besten DIN A5 oder DIN A4) sind dafür notwendig? Alle Personen bzw. Aspekte, die in der Arbeitssituation eine Rolle spielen könnten:
→ „Melanie"-Zettel
→ „Anna"-Zettel (eventuell andere Kollegen/Chef usw.)
→ „Arbeit"-Zettel (eventuell Details)

Melanie kann nun die Namen bzw. Begriffe auf die einzelnen Zettel schreiben.

Durchführung
  Melanie wählt einen Ort aus, an dem sie ungestört sein kann, und plant ausreichend Zeit ein (etwa eine Stunde). Sie nimmt sich einen Augenblick Zeit, um sich ganz auf ihr Vorhaben einzustimmen. Sie entscheidet sich für die Meditation nach der Vorlage aus dem Anhang.

Melanie nennt laut das Thema ihrer „Wie"-Aufstellung in einem Satz: „Ich möchte meine Beziehung zu Anna klären." Dann verteilt sie die einzelnen Stellvertreter-Zettel intuitiv und ohne große Überlegungen im Raum.

Melanie stellt sich nacheinander jeweils auf einen Stellvertreter-Zettel und geht dabei die Reflexionsfragen zur Sinnanalytischen Aufstellung durch (Vorlage im Anhang).
→ Wie geht es mir jetzt gerade in diesem Moment?
→ Welche körperlichen Symptome nehme ich an mir wahr?
→ Wie nehme ich mich zwischen den anderen Akteuren wahr?
→ Wie nehme ich meine Position im Raum wahr?
→ Welche Gefühle steigen in mir auf?
→ Welche Gedanken steigen in mir auf?
→ Bei wem fühle ich mich wohl/unwohl?
→ Welchem Impuls möchte ich nachgehen?
→ Was brauche ich, damit es mir gut geht?
→ Was möchte ich gerne aussprechen?

Abschließend zieht Melanie Schlussfolgerungen für eine konstruktive Veränderung ihres Umgangs mit ihrer Kollegin Anna (und eventuell anderer Aspekte ihrer Arbeit).

Sinnanalytische **Aufstellungen** – Der heilenergetische Weg zur Problemlösung

Ablaufbeispiele mit dem Kartenset

Einige Beispiele[16] sollen hier den Ablauf einer SAA mithilfe des Kartensets verdeutlichen, um dir eine Hilfestellung zu geben, wenn du allein mit den Aufstellungskarten arbeiten möchtest.

Beispiel 1
Thema: Meine Mutter wohnt mit im Haus und meine Partnerschaft ist aus diesem Grund sehr angespannt.

Ablauf: Du nimmst drei Personenkarten aus dem Set und legst sie vor dir aus:
→ „ICH"-Karte
→ „PARTNER"-Karte
→ „MUTTER"-Karte

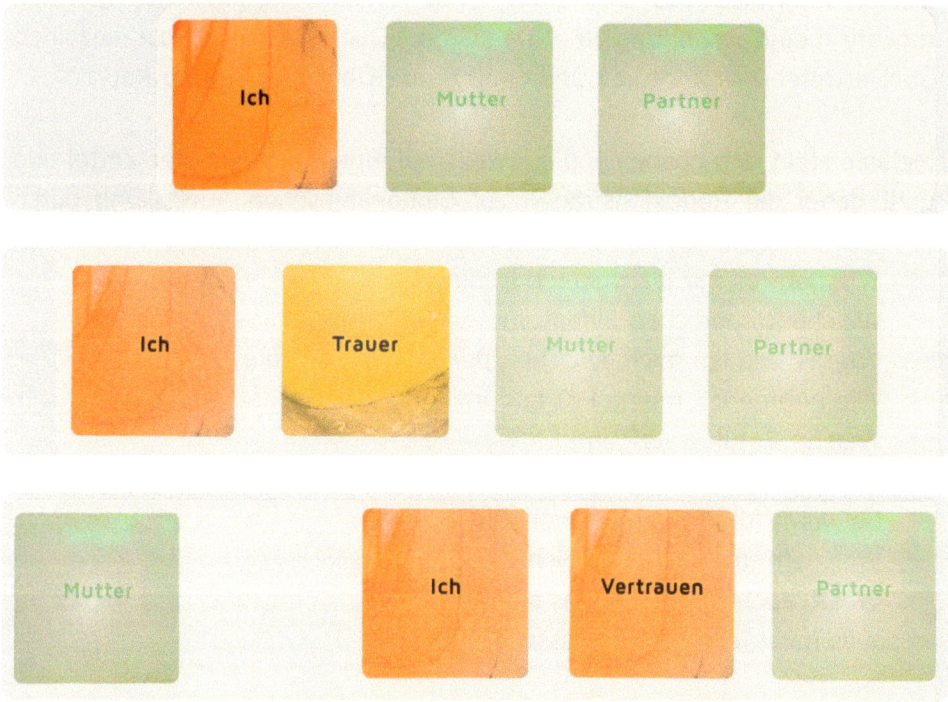

---
16) Fiktive Themen und Situationen mit möglichen Ergebnissen

Schiebe die Karten ein wenig hin und her und achte auf deine Gefühle.
→ Wie fühlt es sich an, wenn die Karte „ICH" dicht neben der Karte „PARTNER" liegt und die Karte „MUTTER" weit entfernt liegt?
→ Wie fühlt es sich an, wenn die Karte „MUTTER" zwischen der Karte „ICH" und der Karte „PARTNER" liegt? Du spürst beispielsweise, dass die Karte „MUTTER" nicht sehr weit von der Karte „ICH" entfernt liegen kann. Fühle ganz genau hinein: Welches Gefühl kommt hoch? Trauer steigt in dir auf.
→ Nimm die Karte „TRAUER" hinzu und lege sie zwischen die Karte „MUTTER" und die Karte „ICH". Lasse ggf. das Gefühl zu, dass du dich mit deiner Mutter verbunden fühlst, vielleicht wegen der gemeinsamen Trauer um den abwesenden Vater oder ein gestorbenes Geschwister.
Lasse das Gefühl zu, bis Erleichterung einsetzt, und lege die Karte „TRAUER" wieder weg. Spüre, ob die Karte „MUTTER" jetzt noch zwischen den Karten „ICH" und „PARTNER" richtig liegt oder ob die Karte „MUTTER" jetzt weiter weg hinlegen kannst.
→ Jetzt ist das Gefühl zwischen dir und deinem Partner entspannt.
Lege nun die zusätzliche Karte „VERTRAUEN" dazu und spüre, ob sich das Gefühl zwischen den Beteiligten entspannt oder ein Wohlwollen entsteht.

Ergebnis: Der Weg ist jetzt frei, mit dem Partner und der Mutter zusammen unter einem Dach wohnen – entspannt und friedlich.

Beispiel 2
Thema: Mein Hund beißt manchmal zu und hat schon andere Menschen verletzt. Er ist unberechenbar.

Ablauf: Du nimmst drei Karten aus dem Set und legst sie vor dir aus:
→ „HUND"-Karte
→ „ICH"-Karte
→ „PARTNER"-Karte

Sinnanalytische **Aufstellungen** – Der heilenergetische Weg zur Problemlösung

Lege die Karte „HUND" nahe an die „ICH"-Karte. Auf der anderen Seite der Karte „HUND" liegt die Karte „PARTNER".
→ Du spürst eine große Unruhe in dir, die sich immer mehr aufbaut. Am liebsten würdest du aufstehen und weggehen.
→ Lege die Karte „WUT" neben die Karte „HUND". Spürst du die Wut in dir? Worauf richtet sich die Wut? Was ist zwischen dir und deinem Partner nicht ausgesprochen?
→ Nimm die Karte „HUND" zwischen der „ICH"-Karte und der Karte „PARTNER" weg und lege die beiden Karten dann dichter zusammen.
→ Nimm nun die Karte „WUT" in die Hand und schreibe auf einen Zettel, was du deinem Partner schon immer einmal sagen wolltest.
→ Spürst du, wie die Wut langsam abflaut? Dann lege die Karte „WUT" zur Seite. Deine Karte und die Karte „PARTNER" liegen jetzt wahrscheinlich so nebeneinander, dass es sich entspannt anfühlt.
→ Lege die Karte „HUND" etwas entfernt von deiner und der „PARTNER"-Karte hin und spüre, ob sich die Unruhe aufgelöst hat.

Lege bei Bedarf zusätzlich die Karte „ENTSPANNUNG" dazu und lasse das Gefühl der Wut abklingen. Vielleicht „muss" dein Hund nun nicht mehr zubeißen, um deine Gefühle der Wut stellvertretend auszudrücken.

Beispiel 3
Thema: Welche Schule wähle ich für meine Tochter?

Ablauf: Suche folgende zwei Karten aus dem Kartenset aus und ggf. drei Blanko-Karten (oder Zettel), auf die du die zur Wahl stehenden Schulen schreibst.
→ „Ich"-Karte
→ „Tochter"-Karte
→ „Gymnasium"-Karte
→ „Realschule"-Karte
→ „Waldorfschule"-Karte

Sinnanalytische **Aufstellungen** – Der heilenergetische Weg zur Problemlösung

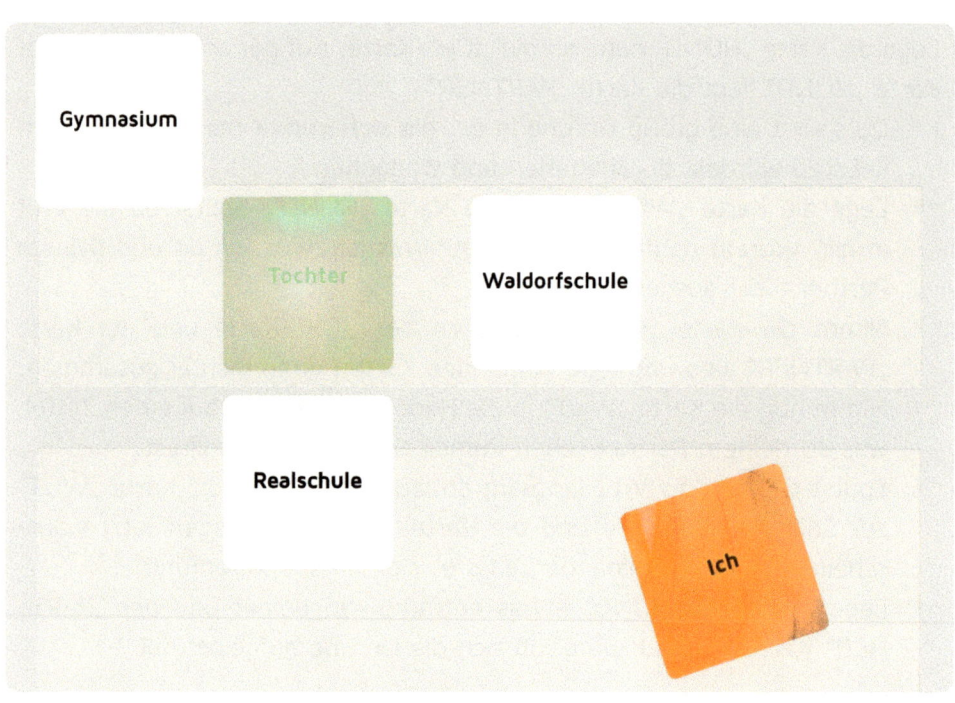

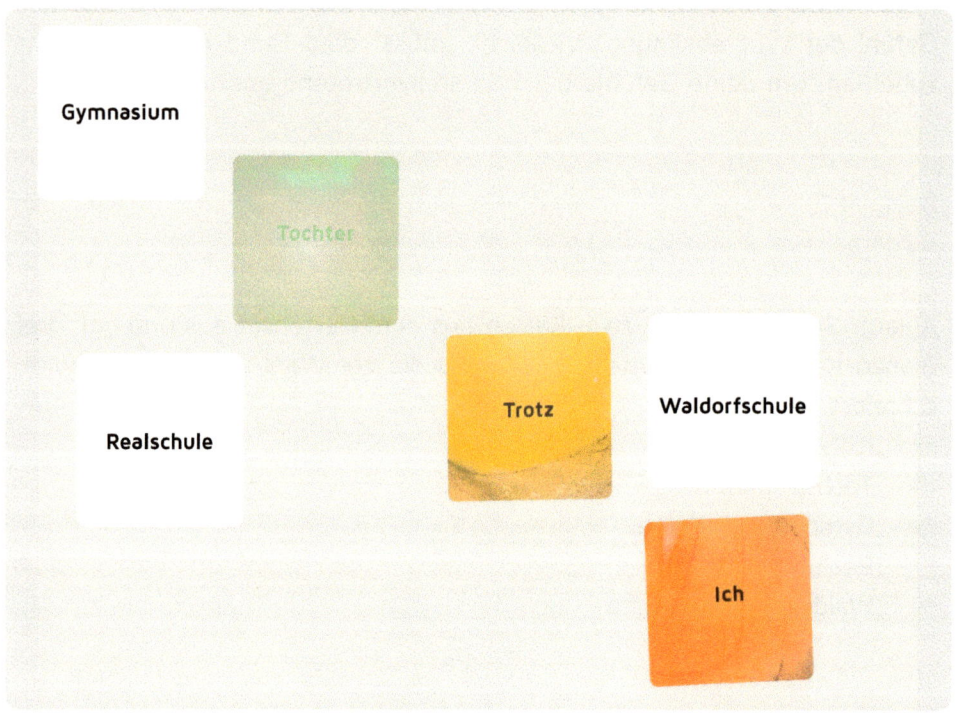

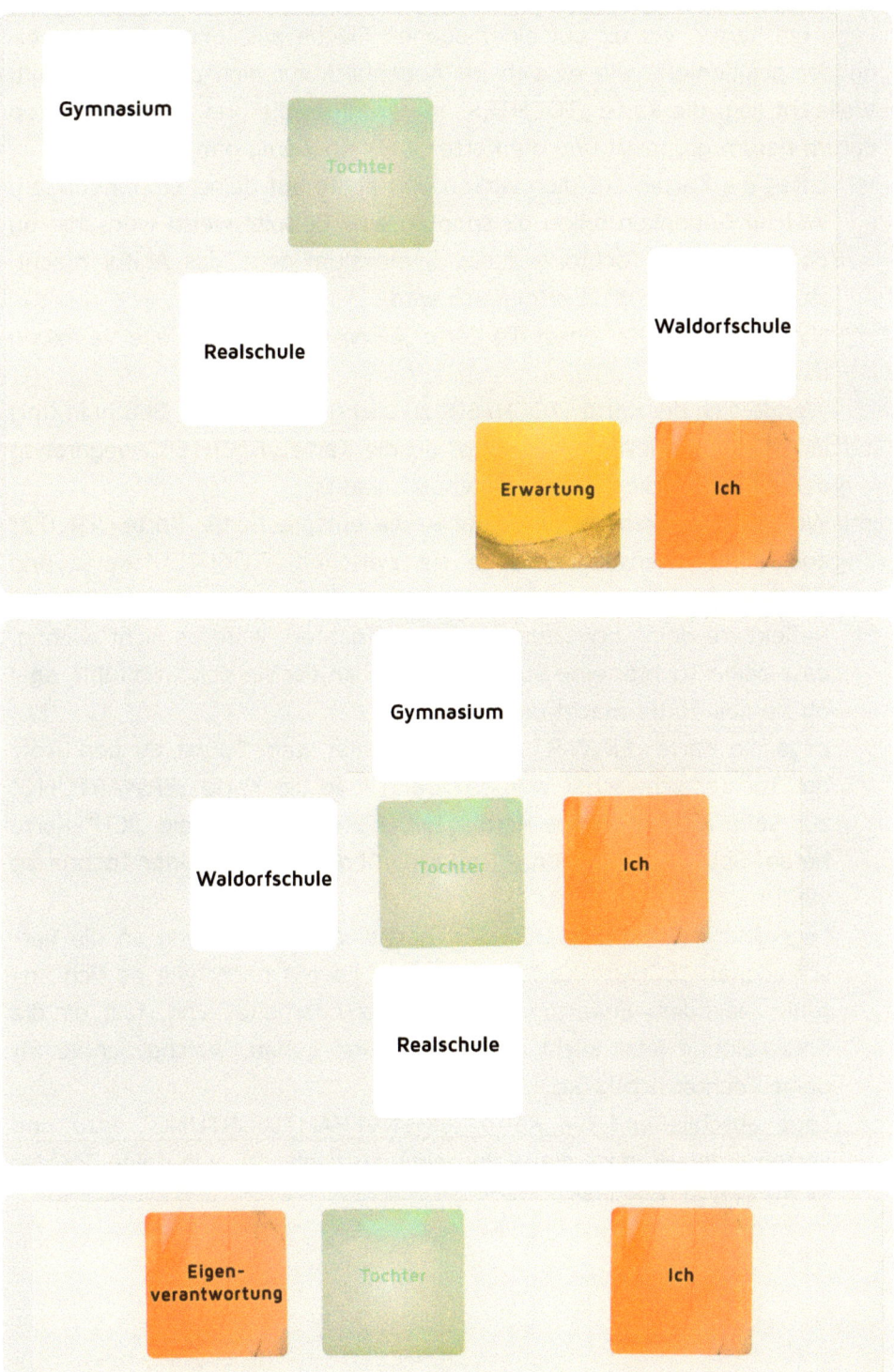

Lege die Karten vor dir auf einer ebenen Fläche aus, und zwar so zueinander positioniert, wie es sich im Augenblick für dich passend anfühlt. Vielleicht liegt die Karte „TOCHTER" in der Mitte, die drei „SCHUL"-Karten darum herum gruppiert und die Karte „ICH" ein wenig entfernt.

→ Lasse die Karten auf dich wirken und achte auf deine Empfindungen. Welche Gedanken fallen dir spontan ein? Beispielsweise wünschst du dir, dass deine Tochter auf das Gymnasium geht, das Abitur macht, studiert und beruflich erfolgreich wird.

→ Nimm aus dem Kartenset die Karte „ERWARTUNG" und lege sie neben die „Ich"-Karte.
Wende dich der Karte „TOCHTER" zu und spüre, welches Gefühl in (ihr) dir aufsteigt. Vielleicht möchtest du die Karte „TOCHTER" wegdrehen oder enger an die Karte „Realschule" legen?

→ Wenn du Widerstand fühlst, suche die entsprechende Karte „TROTZ" aus dem Kartenset und lege sie zwischen „TOCHTER"-Karte und „ICH"-Karte. Nimm nun deine eigenen Gefühle genau wahr.

→ Reflektiere deine Erwartung an deine Tochter: Wäre es nicht wichtig, dass deine Tochter eine Schule besucht, an der sie sich wohlfühlt, egal ob sie das Abitur macht oder nicht?

→ Lege die Karte „ERWARTUNG" nun weiter weg. Spürst du den Trotz der Tochter schwächer werden? Dann lege die Karte „ERWARTUNG" zur Seite und rücke die Karte „TOCHTER" enger an die „ICH"-Karte heran. Spürst du ein wenig Trauer darüber, dass du deiner Tochter so viel Druck gemacht hast?

→ Lege jetzt die Karte „TOCHTER" nacheinander ganz eng an die verschiedenen „SCHUL"-Karten und spüre jeweils nach, wie es sich anfühlt. Nachdem Erwartungen und Trotz bearbeitet sind, fällt dir die Entscheidung jetzt leicht, denn du spürst genau, welche Schule für deine Tochter richtig ist.

→ Lege abschließend die Karte „EIGENVERANTWORTUNG" dazu und vertraue darauf, dass die Wahl genau so richtig ist, wie deine Tochter es für sich entscheidet.

III – PRAXIS DER SINNANALYTISCHEN AUFSTELLUNG

Beispiel 4
Thema: Mein erwachsener Sohn schafft es nicht, seinen eigenen Lebensunterhalt zu bestreiten, immer wieder hat er Schulden, die die Mutter ausgleicht.

Ablauf: Wähle folgende Karten aus dem Kartenset:
→ „SOHN"-Karte
→ „ICH"-Karte
→ „SCHULDEN"-Karte

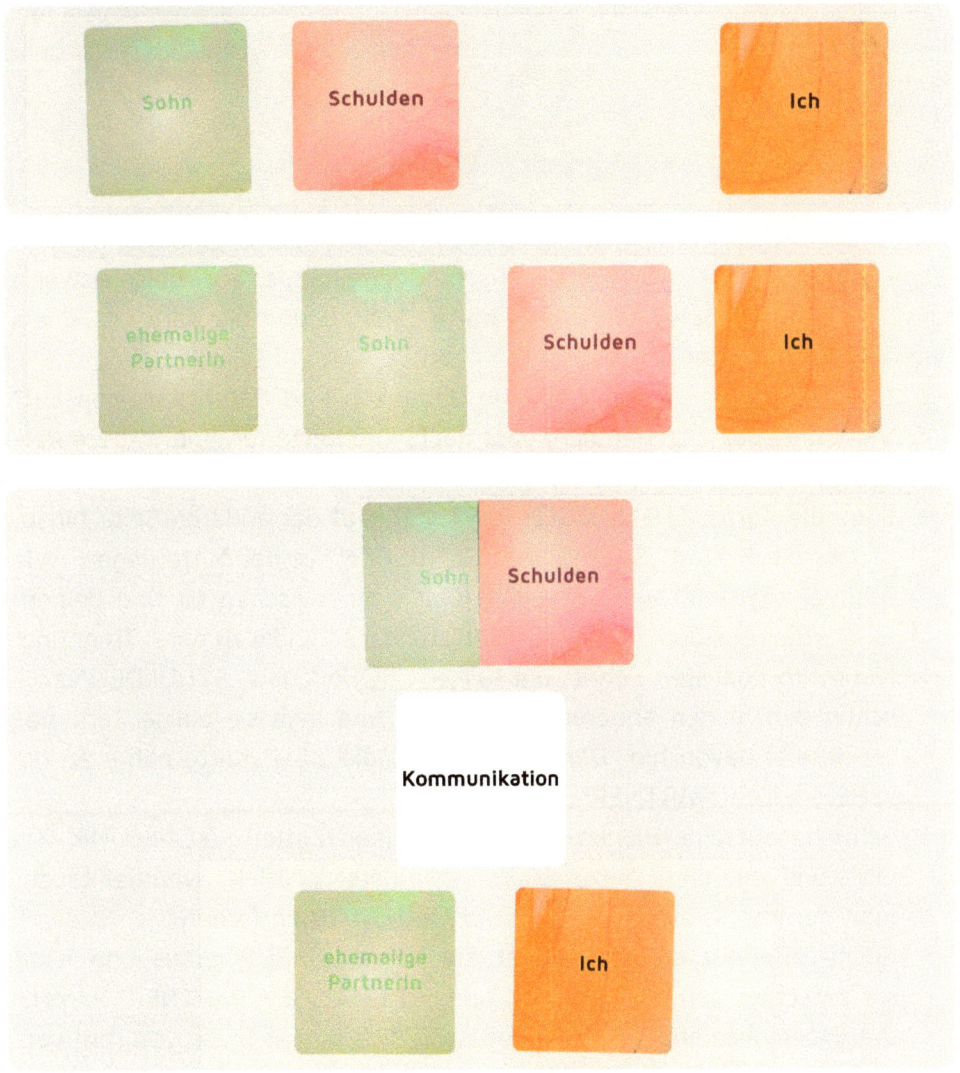

Lege die Karten vor dir auf einem Tisch nebeneinander aus, beispielsweise die Karte „SCHULDEN" nah an die Karte „SOHN" und die Karte „ICH" ein wenig entfernt davon.

→ Fühle die Karte „SOHN". Welche Gedanken und Gefühle steigen auf? Vielleicht spürst du deutlich, dass noch eine Karte für eine weitere Person fehlt, beispielsweise für deinen „EHEMALIGEN PARTNER".

→ Füge die Karte „EHEMALIGER PARTNER" auf der anderen Seite hinzu, sodass die Karten „SOHN" und „SCHULDEN" in der Mitte liegen. Wie fühlt es sich jetzt an? Der Sohn fühlt sich (zwischen dir und deinem Ex-Partner positioniert) verantwortlich oder schuldig an eurer Trennung.

→ Nimm im nächsten Schritt die Karten „SOHN" und „SCHULDEN" zwischen den beiden anderen Karten weg und lege sie einige Zentimeter abseits davon hin. Dann schiebst du die „ICH"-Karte näher an die „EHEMALIGER PARTNER"-Karte heran.

→ Schreibe auf eine Blanko-Karte (oder einen Zettel): „KOMMUNIKATION", und lege diese hinzu. Spüre in die Karte „SOHN", eventuell taucht jetzt der Impuls auf, die Karte „SCHULDEN" zu entfernen.

→ Suche nun aus dem Kartenset die Karte „LIEBE" heraus und lasse sie zwischen den Karten „ICH" und „EHEMALIGER PARTNER" wirken. Wahrscheinlich stellst du fest, dass du dich nun in Liebe von ihm verabschieden und jede Schuld loslassen kannst.

Vielleicht ist es nach der Aufstellung in der Realität möglich, mit dem ehemaligen Partner noch einmal ins Gespräch zu kommen, um über die Trennung positiv zu kommunizieren. Dann wird dein Sohn sich entlastet fühlen und in seine eigene Kraft kommen, sodass er in der Zukunft gut für sich selbst sorgen kann, ohne Schulden machen zu müssen.

Beispiel 5
<u>Thema:</u> Mein Pferd zieht sich immer wieder Verletzungen zu.

<u>Ablauf:</u> Nimm folgende Karten aus dem Set und lege Sie vor dir auf einer ausreichend großen Fläche aus:
→ „ICH"-Karte
→ „PFERD"-Karte
→ „KRANKHEIT"-Karte

Sinnanalytische **Aufstellungen** – Der heilenergetische Weg zur Problemlösung

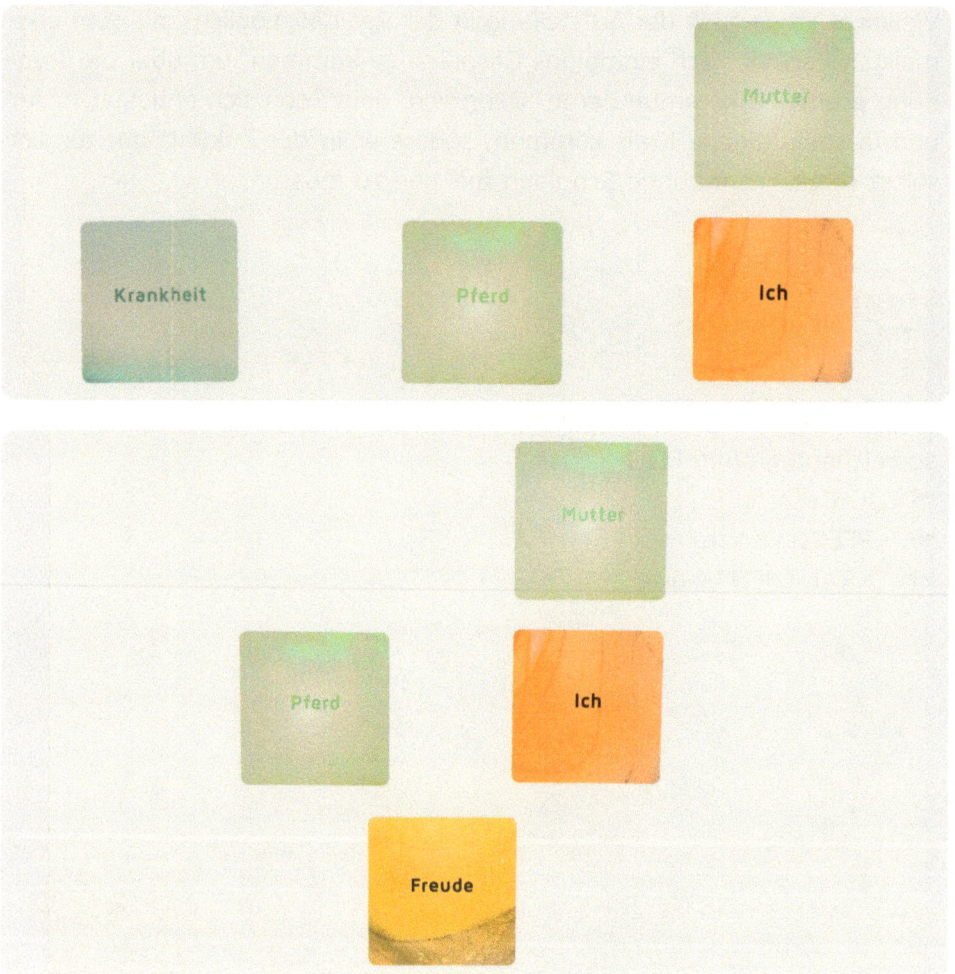

Die Karte „KRANKHEIT" liegt zuerst nah bei der Karte „PFERD". Die Karte „ICH" positionierst du intuitiv in der Nähe der „PFERD"-Karte.

→ Spüre, wie eng verbunden sich das Pferd mit seiner Krankheit fühlt. Spüre, welches Gefühl in dir aufsteigt, wenn du an die Krankheit des Pferdes denkst. Ist es das Gefühl „Trotz", dann lege zusätzlich die „TROTZ"-Karte neben die „ICH"-Karte. Kannst du jetzt die Karte „KRANKHEIT" von der Karte „PFERD" entfernen?

→ Fühle jetzt in den „TROTZ" hinein: Woher kennst du dieses Gefühl? Hat deine Mutter dir vielleicht früher verboten zu reiten, weil es angeblich zu gefährlich war? Hast du dir deshalb das Pferd angeschafft und bist im Grunde immer noch trotzig deiner Mutter gegenüber?

→ Lege ergänzend die Karte „MUTTER" hinzu. Wo genau legst du sie hin, kannst du es leicht aushalten, wenn sie nahe bei der „ICH"-Karte liegt? Sprich in Gedanken mit deiner Mutter und sage ihr, dass es in deiner Verantwortung liegt, wenn du reiten möchtest und es auch selbst entscheiden wirst. Kannst du die Karte „TROTZ" nun ohne inneren Widerstand entfernen?

Sicher ist es dir von nun an möglich, ohne ein Trotzgefühl durch dein Leben zu gehen. Dein Pferd wird entlastet.
→ Lege abschließend die Karte „FREUDE" hinzu und lausche in dein Herz, bis das Gefühl der Freude über die entlastete Situation aufsteigt.

Beispiel 6
Thema: Ich habe ein Karpaltunnelsyndrom in der Hand.

Ablauf: Du wählst diese Karten aus:
→ „ICH"-Karte
→ „HAND"-Karte
→ „KRANKHEIT"-Karte

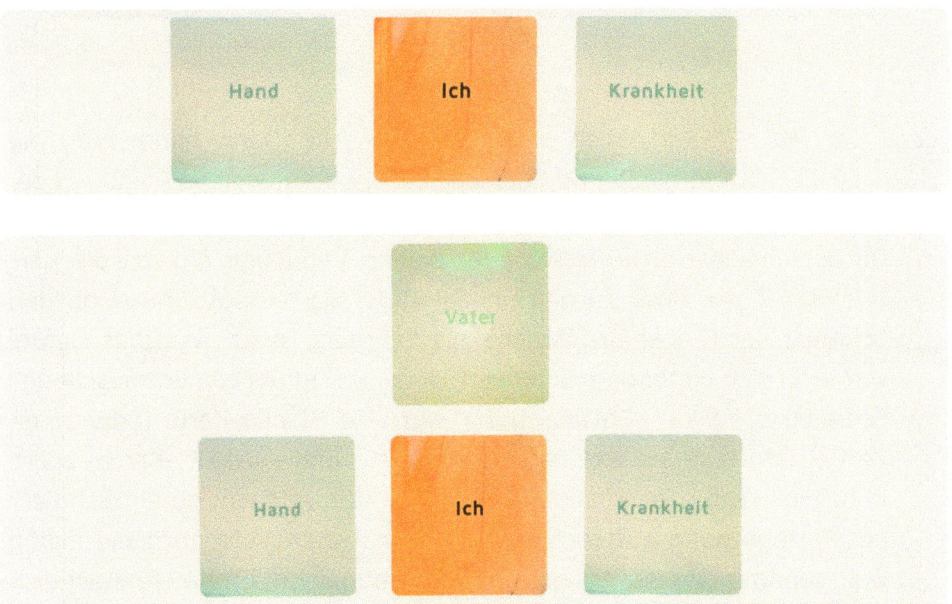

Lege die „HAND"-Karte nah an die „ICH"-Karte. Dann nimmst du die „KRANKHEIT"-Karte hinzu und entscheidest spontan, welche Person in der Aufstellung noch fehlt.
→ Du entscheidest dich vielleicht für deinen Vater und ergänzt die Karte „VATER" so, dass sie nah an der „ICH"-Karte liegt. Spürst du den Schmerz der Krankheit? Welche Art Schmerz ist es? Welches Gefühl versteckt sich hinter dem Schmerz? Ist es das Gefühl von Enttäuschung?
→ Schreibe das Wort „Enttäuschung" auf eine Blanko-Karte (oder einen Zettel) und lege sie zwischen „ICH"-Karte und „VATER"-Karte. Spüre in deiner Hand oder irgendwo in deinem Körper nach, ob ein Schmerz der Enttäuschung auftaucht. Vielleicht hat dein Vater dich nie richtig wahrgenommen oder er hat dich immer abgelehnt und du fühltest dich ungeliebt.

→ Nimm die die Karte „LIEBE" hinzu und lege sie in die Mitte zwischen allen anderen Karten. Spüre jetzt, wie sich der Schmerz langsam auflöst.
→ Entferne nun zuerst die Karte „ENTTÄUSCHUNG", dann die „KRANKHEIT"-Karte.
→ Schiebe die Karten „VATER" und „ICH" näher zusammen und beobachte, ob sich deine Gefühle verändern. Gib in deiner Vorstellung deinem Vater die Hand und verbinde dich mit ihm.

Es ist gut möglich, dass du von nun an mehr Kontakt zu deinem Vater pflegst und dass der Schmerz in deiner Hand spürbar nachlässt.

Beispiel 7
Thema: Mein Auto springt häufig nicht mehr an.

Ablauf: Suche folgende drei Begriff-Karten aus dem Kartenset heraus und füge eine zusätzlich beschriebene Blanko-Karte hinzu.
→ „AUTO"-Karte
→ „ICH"-Karte
→ „WUT"-Karte
→ „Überlastung"-Karte

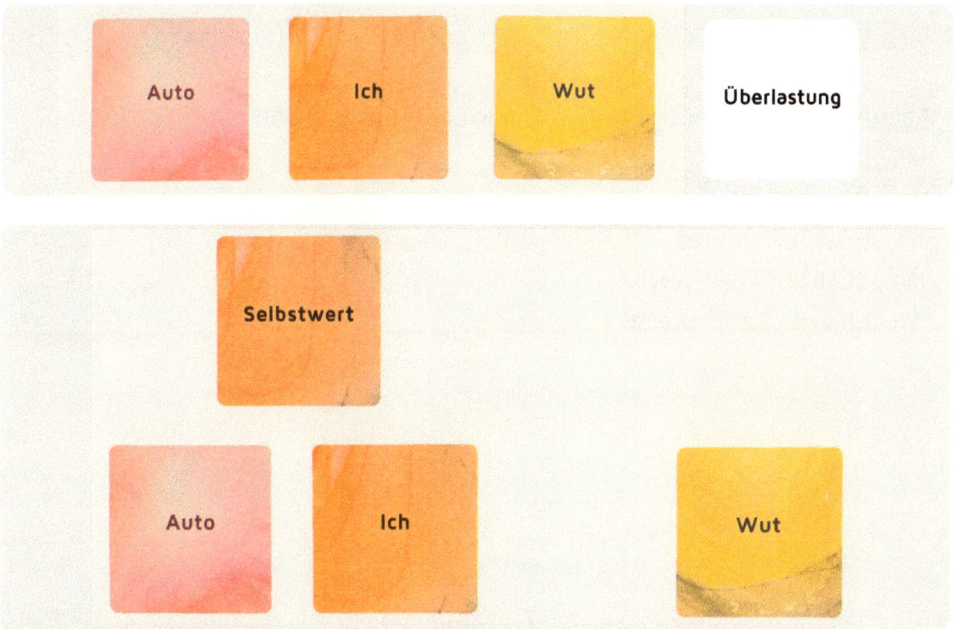

Platziere die „AUTO"-Karte und die „ICH"-Karte nach deinem Gefühl zueinander und lege die „Überlastung"-Karte direkt neben die „WUT"-Karte.
→ Spüre zuerst einmal deine mögliche Überlastung im Alltag und deine Wut auf dich selbst. Warum mutest du dir selbst immer zu viel zu? Wozu solltest du vielleicht auch einmal nein sagen?
→ Schreibe in eine Liste, welche Pflichten du streichen könntest. Atme jedes Mal kräftig aus, wenn du einen Begriff notiert hast.
→ Lege die „Überlastung"-Karte beiseite und fühle dich in die „WUT"-Karte hinein. Bist du wütend auf dich selbst? Lass die Wut zuerst aufsteigen und warte dann, bis sie sich wieder entspannt. Entferne jetzt die „WUT"-Karte.
→ Wähle die Karte „SELBSTWERT" aus dem Kartenset aus und lege sie neben die „ICH"-Karte und die „AUTO"-Karte. Spüre in die „ICH"-Karte hinein, vielleicht fühlst du dich befreit.

Sei es dir selbst wert, auch einmal nein zu sagen, wenn du im Alltag überfordert bist. Atme öfter einmal durch, bis sich Stress-Situationen wieder vollkommen entspannt haben. Wahrscheinlich wirst du feststellen, dass dein Auto keine „Aussetzer" mehr hat.

Beispiel 8
Thema: Ich möchte ein Pflegekind in meine Familie aufnehmen.

Ablauf: Hierfür benötigst du vier Karten und eine Blanko-Karte (Zettel).
→ „ICH"-Karte
→ „Pflegekind"-Karte
→ „BRUDER"-Karte
→ „SCHWESTER"-Karte
→ „EIFERSUCHT"-Karte

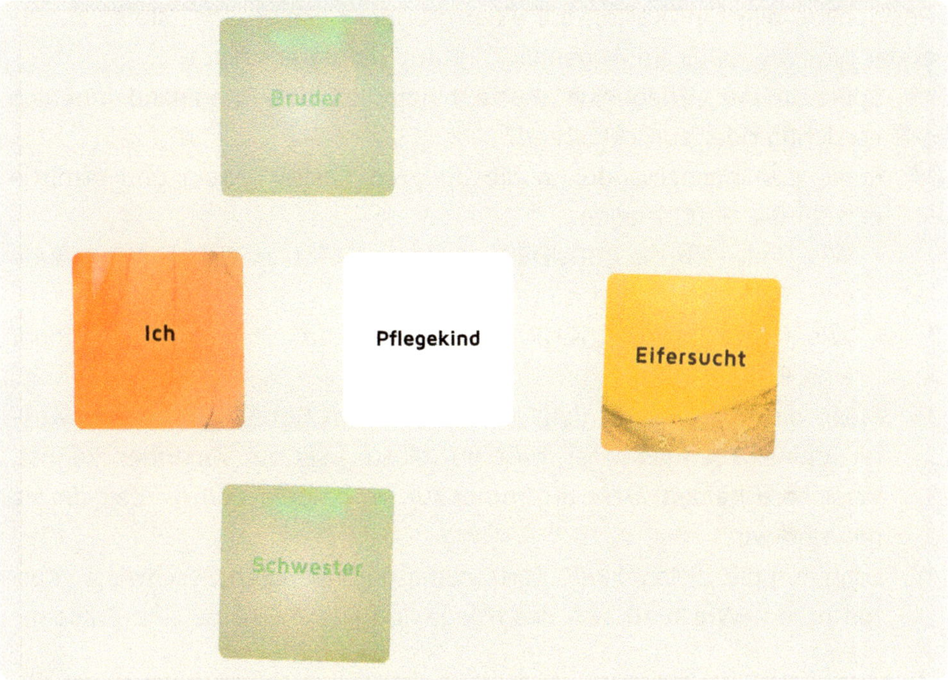

III – PRAXIS DER SINNANALYTISCHEN AUFSTELLUNG

Positioniere alle fünf Karten auf einer größeren Fläche, lege sie so zueinander hin, wie es dir im Augenblick intuitiv richtig erscheint.
→ Spüre in die „Pflegekind"-Karte hinein. Ist das Pflegekind innerlich vorsichtig oder zurückhaltend?
→ Fühle nun nacheinander in die anderen Karten hinein und ermittle einzeln die Gefühlslagen.
  • Wie fühlt sich die „BRUDER"-Karte an? Gibt es eine Enttäuschung oder Eifersucht auf das Pflegekind?
  • Wie fühlt sich die „SCHWESTER"-Karte an? Steigt ein Trotz oder eine Eifersucht auf?
→ Stelle dir vor, dass du dem Bruder (deinem Sohn) und der Schwester (deiner Tochter) sagst, dass du (Mutter) sie gut verstehen kannst. Versichere beiden, dass du immer für sie da sein und dir Zeit für sie nehmen wirst.
→ Lege nun die „Pflegekind"-Karte näher an die beiden Geschwister-Karten heran. Wie fühlt sich das Pflegekind jetzt? Gibt es eine Entspannung?
→ Dann nimm die „EIFERSUCHT"-Karte weg und beobachte innerlich, ob zwischen allen Beteiligten Freude entsteht. Lege abschließend die Karte „FREUDE" hinzu und lasse sie in der Aufstellung auf alle Positionen wirken.

Im Ergebnis kannst du frei und gelöst eine Entscheidung für das Pflegekind treffen.

Beispiel 9
Thema: Ich werde auf der Arbeit gemobbt.

Ablauf: Du benötigst zunächst drei Karten aus dem Kartenset.
→ „ICH"-Karte
→ „KOLLEGE"-Karte
→ „BÜRO"-Karte

Lege die Karten intuitiv vor dir aus und bestimme spontan die drei Positionen. Vielleicht legst du sie als Dreieck oder auf einer Linie aus.
→ Fühle in die Karte „KOLLEGE" hinein und beobachte alle Gefühle, die in dir hochkommen. Vielleicht ist es ganz viel Wut, dann nimm die Karte „WUT" hinzu und lege sie neben die Karte „KOLLEGE".
→ Welche Idee entsteht jetzt? Warst du vielleicht lange Zeit im Mutterschutz und deine Kollegen neiden dir die selbstverständlich freigehaltene Position? Dann legt sich womöglich die Wut.
→ Oder eine bestimmte Kollegin ist traurig, weil sie selbst keine Kinder bekommen kann. Lege die Karte „TRAUER" hinzu und sprich gedanklich mit ihr. Sag dieser Kollegin, dass du sie verstehen kannst und gerne mit ihr zusammenarbeiten möchtest. Löst sich die Trauer auf?
→ Nimm die beiden Karten „WUT" und „TRAUER" weg und ergänze die Karte „FRIEDEN".

Die gesamte Situation im Büro wird sich sehr wahrscheinlich für alle Beteiligten mehr und mehr entspannen können.

Beispiel 10
Thema: Ich finde keinen Käufer für das Haus meiner Eltern.

Ablauf: Wähle folgende Karten aus dem Kartenset aus.
→ „HAUS"-Karte
→ „ICH"-Karte
→ „MUTTER"-Karte
→ „VATER"-Karte
→ „GELD"-Karte

III – PRAXIS DER SINNANALYTISCHEN AUFSTELLUNG

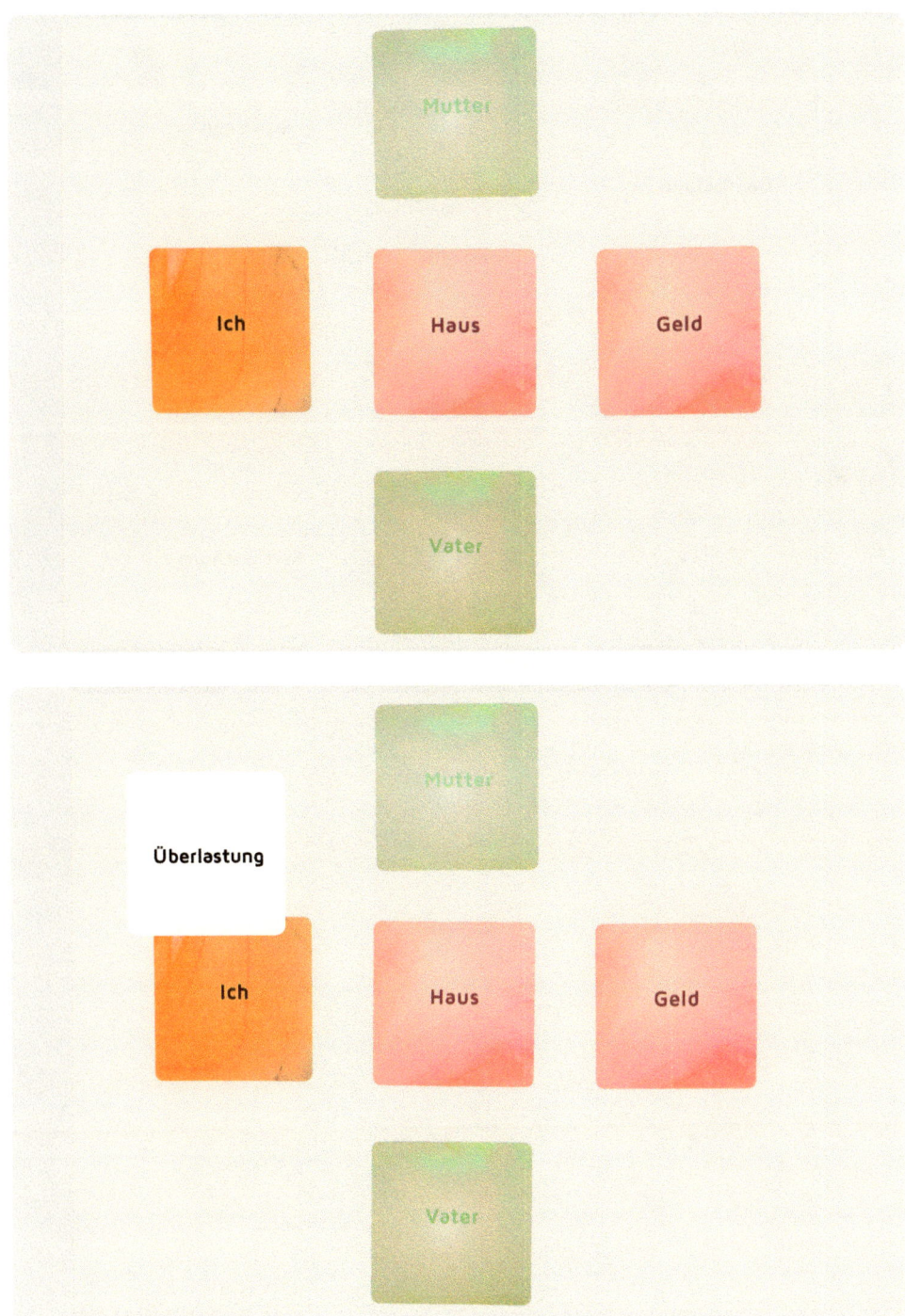

Sinnanalytische **Aufstellungen** – Der heilenergetische Weg zur Problemlösung

Positioniere diese Karten vor dir zunächst in dieser Form: Die „HAUS"-Karte liegt in der Mitte und die anderen Karten liegen kreisförmig um sie herum.

→ Spüre nacheinander in alle ausliegenden Karten hinein. Lasse alle Gefühle zu, die dabei auftauchen.
→ Bei der Karte „ICH" fühlst du vielleicht eine Überforderung, dann beschrifte entsprechend eine Blanko-Karte und lege sie dicht an die „ICH"-Karte heran. Fühlst du dich mit den Anforderungen und Erwartungen deiner Eltern überfordert?
→ Fühle jetzt in die Karte „MUTTER" hinein. Beobachte zum Beispiel bei ihr das Gefühl der Sicherheit. Ergänze die „SICHERHEIT"-Karte aus dem Kartenset und platziere sie dicht an der Karte „MUTTER". Hat deine Mutter das Recht, von dir versorgt zu werden, weil du dafür ihr Haus erbst?
→ Fühle nun in die Karte „VATER" hinein. Vielleicht steigt bei dir eine Enttäuschung auf? Wünscht sich dein Vater vielleicht, dass sein Lebenswerk geachtet und gewürdigt wird? Lege die Karte „ENTTÄUSCHUNG" hinter die „VATER"-Karte.
→ Stimme dich jetzt in die Karte „GELD" ein, vielleicht empfindest du spontan ein großes Desinteresse?
→ Spüre in die „HAUS"-Karte hinein, eventuell erweckt das Haus in dir den Eindruck, dass es die Familie zusammenhält und verbindet.
→ Sag in Gedanken deinem Vater, dass du seine Lebensleistung schätzt, und entferne dann die Karte „ENTTÄUSCHUNG".
→ Sag in Gedanken deiner Mutter, dass du sie umsorgen willst, weil du sie liebst, nicht weil du das Haus erben willst. Entferne die Karte „SICHERHEIT".
→ Stimme dich danach in die „ICH"-Karte ein und beobachte, ob sich eine Erleichterung einstellt. Lege die Karte „ÜBERFORDERUNG" beiseite, wahrscheinlich wandelt sich nun auch das Desinteresse bei der „GELD"-Karte. Du spürst ein wachsendes Interesse.
→ Widme dich abschließend der Karte „HAUS". Du merkst sicher, dass du diese Karte leicht aus der Mitte entfernen kannst. Lege an die Stelle der „HAUS"-Karte die Karte „LÖSUNG" aus dem Kartenset. Atme kräftig aus und genieße das Ergebnis.

Da die Verbindung zu den Eltern jetzt geklärter ist, wird das Thema „Haus" wahrscheinlich bald ohne größere Schwierigkeiten gelöst werden.

Beispiel 11
Thema: Geldmangel

Ablauf: Entnehme intuitiv dem Kartenset nacheinander einzelne Karten und achte auf die sich in dir entwickelnden Gefühle, während du jeweils eine Karte in der Hand hältst.

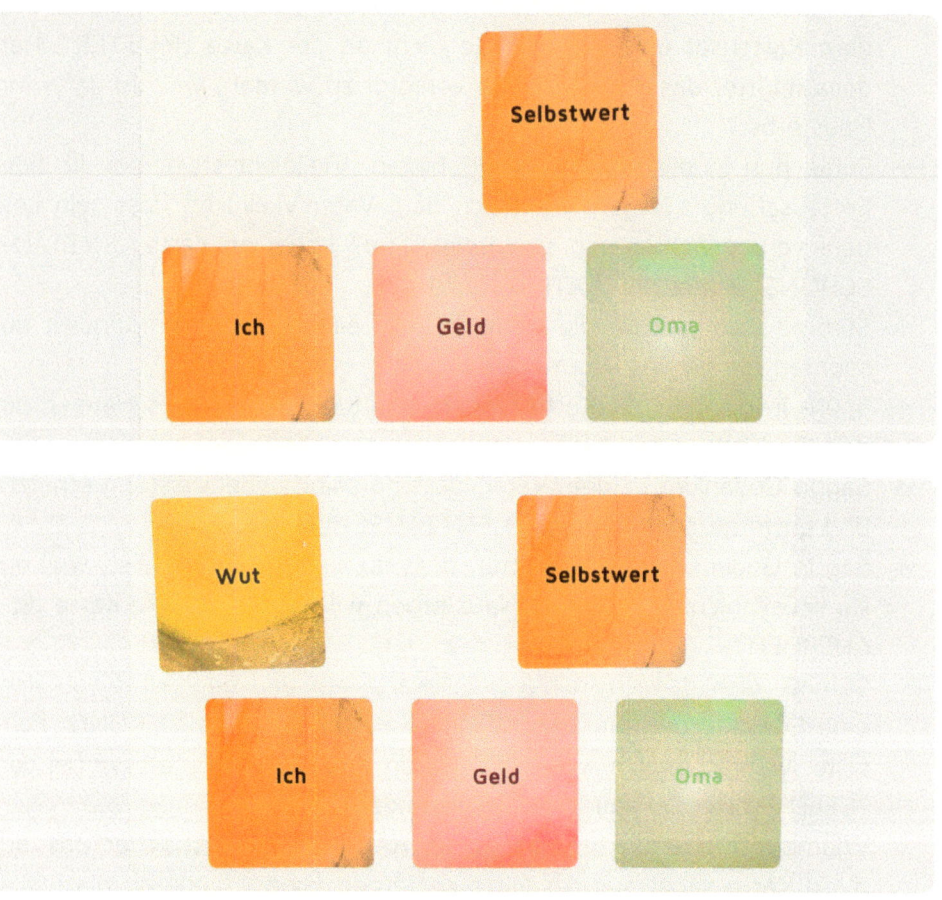

→ Beispielsweise nimmst du zuerst die Karte „Oma" in die Hand. Was fühlst du? Vielleicht hatte deine Großmutter den festen Glaubenssatz, dass eine Frau kein Geld verdienen darf? Lasse diesen Glaubenssatz auf dich wirken.
→ Ziehe eine weitere Karte, beispielsweise „SELBSTWERT". Warum bist du dir selbst kein Geld wert? War das bei deiner Großmutter auch schon so? Hast du als Kind sie mit dieser Überzeugung erlebt und ihren Glaubenssatz übernommen?
→ Ziehe die nächste Karte: „WUT". Macht es dich wütend, dass du unter dem Glaubenssatz deiner Vorgeneration leidest? Spüre die Wut und finde heraus, auf wen sich die Wut bezieht.
→ Wähle nun eine weitere Karte: „MUTTER". Hat deine Mutter schon immer im Stillen an dir gezweifelt und dich nicht den Beruf erlernen lassen, den du wolltest?
→ Nimm die Karte „TROTZ" und spüre deinen inneren Widerstand gegen deine Mutter. Machst du deine Arbeit bis heute mit diesem Trotz? Lasse alle aufkommenden Gefühle zu. Überlege, welchen Beruf du eigentlich gerne erlernt hättest.

Mache dir klar, dass du in deiner Realität deine Wünsche jetzt immer noch verwirklichen kannst. Lasse den Trotz los und erkenne, dass nur du selbst für deine Lebensgestaltung verantwortlich bist. Wahrscheinlich löst sich dein Problemthema „Geld" ganz leicht, indem du ein Stellenangebot bekommst, das ein höheres Gehalt verspricht.

Beispiel-SAA im Schulkontext

Goethes „Faust"

Yvonne war in der zwölften Klasse und hatte überhaupt keine Lust, für den Deutschunterricht Goethes „Faust" zu lesen. Zum nächsten Unterricht sollte sie den Prolog kennen und die Inhalte wiedergeben können. Doch ihre ambitionierte Lehrerin hatte eine Überraschung für die Klasse geplant: Als die Schüler zum Unterricht kamen, hatte sie eine Sinnanalytische Aufstellung zum Thema „Literatur" organisiert.

Yvonne und ihre Mitschüler setzten sich in einen Stuhlkreis und die Aufstellungstrainerin erklärte ihnen, wie die Literatur-Aufstellung ablaufen würde. Aus dem Kreis würden Personen als Stellvertreter für die Protagonisten des Goethe-Prologs ausgewählt und in der Mitte positioniert werden. Diese sollten dann einfach mit geschlossenen Augen in ihren Körper hineinspüren und erzählen, was sie fühlten.

Sie wählte aus der Runde der Mitschüler Stellvertreter aus für Dr. Faust, den Gelehrten, Mephisto, Gretchen, Wagner, die Erzengel Raphael, Gabriel und Michael, Gott und den Erdgeist und stellte sie in die Mitte des Stuhlkreises.

Yvonne selbst war für den Erzengel Raphael ausgewählt und ließ sich widerwillig in die Mitte zu den anderen Personen stellen. Sie schloss die Augen, als sie auf einmal den Impuls hatte, sich zu bewegen. Sie suchte nach einer geeigneten Position zwischen den anderen Stellvertretern, stellte sich zu den anderen Engeln, schaute nach oben, bewegte ihren Arm, als ob sie den anderen weit entfernt am Himmel etwas zeigen wollte und sagte: „Es gibt Sterne und Planeten, ich kann euch alles erklären." Sie wunderte sich über sich selbst und hörte nun aufmerksam den anderen Stellvertretern zu.

Der SV für den Engel Gabriel sagte, wie schön die Erde sei, und der SV für den Erzengel Michael meinte, sie sollten vorsichtig sein, es gebe auch schlechtes Wetter, Regen und Sturm.

Der SV von Mephisto stellte sich direkt vor den SV für Gott, stemmte seine Hände in die Hüften und sagte, dass Gott es den Menschen auf der Erde schwergemacht habe und dass sie es viel leichter im Leben hätten, wenn sie nicht noch an Götter glauben sollten.

Der SV für Gott antwortete, dass sie nicht alle nur mit ihm schimpfen sollten, ihm selbst gefielen die Erde und die Menschen sowieso nicht. SV-Gott und SV-Mephisto drehten sich um und stellten sich nun vor SV-Faust und schauten ihn an.

SV-Mephisto meinte, dass SV-Faust nervös und hyperaktiv sei, und SV-Gott erklärte, dass er SV-Faust helfen werde. SV-Mephisto sagte zu SV-Gott, er wolle SV-Faust verführen, der Gedanke mache ihn total an. Der SV für Gott sagte, dass die Menschen einfach nur faul seien und er das für den größten Fehler halte, „Faul-Sein" sei für ihn eine sehr schlechte Eigenschaft.

Die SV für die Engel schauten während der gesamten Zeit an dem Geschehen vorbei in die Gegend oder in den Himmel.

Der SV für den Erzengel Raphael (Yvonne) beobachtete dann alles genau und sagte: „Ich fühle mich so überlegen! Ich fühle mich sehr wohl hier, wo ich bin!"

Die Sinnanalytische Aufstellung dauerte noch einige Minuten, bis jeder Protagonist seine Gefühle und Wahrnehmungen kundgetan hatte. Dann brach die Aufstellungstrainerin das Geschehen ab und die Schüler setzten sich wieder in die Runde zum Austausch.

Die Verwunderung und auch die Begeisterung über das Erlebte war groß. „Wieso fühle ich da etwas?", war die meistgestellte Frage. „Und wieso fühle ich genau das, was da in der Lektüre steht?" Die Schüler waren aufgewühlt und fanden den alten Text von Goethe auf einmal sehr spannend.

Die Deutschlehrerin berichtete später, dass die Schüler engagiert den weiteren Unterricht verfolgt und allesamt bis zur nächsten Unterrichtsstunde die Texte gelesen hätten. Sie hätten sich in die Diskussionen eingebracht und auf einmal eine Meinung zum Geschehen gehabt. Sie persönlich sei sehr erfreut über das Ergebnis gewesen, zumal das Lesen von „trockenen" literarischen Texten in den meisten Oberstufenklassen ein sehr zähes Unterfangen wäre. Die Klasse sei insgesamt aufgeschlossener geworden und die Schüler würden sogar netter und achtsamer miteinander umgehen.

Sinnanalytische Aufstellungen geben uns in jeder Beziehung die Möglichkeit, Gefühle erlebbar und begreifbar zu machen. Normalerweise lernen wir in der Schule rein rational erfassbare Wissensinhalte. Aber unser Intellekt ist in ständigem Austausch mit unserer emotionalen Erfahrungswelt;

beides bedingt sich gegenseitig. Durch die Aufstellungsarbeit wird unsere emotionale Intelligenz angesprochen. Das wirkt bei jedem Menschen wie ein „Wiederbelebungsversuch", da in unserer Schul-Kultur das Erlernen der emotionalen Intelligenz und das Umgehen mit Gefühlen keine Priorität haben. Eine Kombination von mentaler und emotionaler Intelligenz ist meines Erachtens jedoch dringend erforderlich, um ein gesunder, stabiler und kompetenter Mensch in einer Gesellschaft zu sein.

Durch die Verbindung von Intellekt und Emotionen wird in meiner heilenergetischen Arbeit der Teil des Menschen angesprochen, der von der Fokussierung auf das Objektive zur subjektiven Wahrnehmung wechselt.

Die direkte Wirkung einer SAA – die größere Offenheit der Schüler für die Textinhalte – zeigt mir in diesem Beispiel, dass es nur die richtigen Formate oder Zugangsmöglichkeiten braucht, um die Gefühle bei Kindern zum Wachsen zu bringen. Noch wichtiger für mich ist vor allem, dass sich Kinder im Laufe ihrer Entwicklung auch in allen anderen Lebensbereichen – nicht nur im Literaturunterricht – emotional intelligent entfalten und in ihrem Leben zu starken, lebendigen und an der Welt interessierten Persönlichkeiten werden können.

Häufig gestellte Fragen

Welche Akteure gibt es bei einer SAA?
In einer Sinnanalytischen Aufstellung werden grundsätzlich vier Akteur-Gruppen entschieden: Der **Aufstellende** erforscht sein individuelles Thema, Problem oder Anliegen in der Sinnanalytischen Aufstellung.
  1. Die **Stellvertreter** werden vom Aufstellenden ausgewählt, um bestimmte Positionen, Personen, Gefühle, Tiere, Umstände oder Eigenschaften usw. zu repräsentieren.
  2. Die **Beobachter** nehmen den SAA-Prozess (im Stuhlkreis) von außen wahr. Jeder Beobachter kann während des Ablaufs als weiterer Stellvertreter aufgestellt werden (aber er darf dies auch ablehnen).
  3. Der **Aufstellungstrainer** leitet den Aufstellungsablauf nach den Kriterien des heilenergetischen Menschen- und Weltbildes und achtet darauf,

dass die Regeln[17] der SAA eingehalten werden. Außerdem betreut er den Aufstellenden in den Vor- und Nachgesprächen.

Wie lange dauert eine SAA?
Im Durchschnitt benötigt man zwischen ein und zwei Stunden.

Inwiefern wird meine Privatsphäre gewahrt?
An einer SAA können Aufstellende, Stellvertreter und Beobachter anonym teilnehmen. Für die Aufstellung ist es nicht notwendig, persönliche Details über ein Anliegen preiszugeben. Alle passiven und aktiven Teilnehmer einer Sinnanalytischen Aufstellung verpflichten sich mit ihrer Teilnahme zudem dazu, mit den Informationen und Erkenntnissen einer Aufstellung sensibel umzugehen und diese nicht an Dritte weiterzugeben.

Brauche ich Vorkenntnisse für die Teilnahme?
Für die Teilnahme als Aufstellender, Stellvertreter oder als Beobachter sind keine Vorkenntnisse notwendig. Es genügt die Bereitschaft, sich auf den Prozess der Aufstellung einzulassen. Respekt und Wertschätzung gegenüber den Teilnehmern der Aufstellung werden vorausgesetzt.

Kann ich mich blamieren?
Nein!

Die SAA stellt einen sicheren und geschützten therapeutischen Rahmen dar, in dem sich alle Teilnehmer ohne Angst vor einer Bewertung durch andere öffnen können. Das Erleben und Konfrontieren von Gefühlen gehört zum Prozess einer Aufstellung wesentlich dazu und wird von den Teilnehmern grundsätzlich als heilsames Moment erlebt.

Die Aufstellungsleitung sorgt dafür, dass die Regeln der Sinnanalytischen Aufstellungsarbeit eingehalten werden.

Werde ich nach einer SAA von meinem Problem befreit sein?
Sinnanalytische Aufstellungen stellen in erster Linie einen Erkenntnisweg dar, es lässt sich ein tieferes Verständnis der energetischen Beziehungen,

---

17) Einverständniserklärungen der Teilnehmer; Schweigeverpflichtung; Kompetenznachweis des Trainers

Zusammenhänge und persönlichen Lebenswege erreichen und es wird offensichtlich, wie es zum Entstehen eines bestimmten Problems auf materieller Ebene kommen konnte. Das aufgestellte Problem bzw. Thema wird vollkommen wertfrei betrachtet und als Symptom eines größeren energetischen Wirkungsgefüges nachvollzogen.

Entsprechend dem energetischen Menschenbild, auf dem die SAA-Arbeit basiert, stellen alle Situationen im Leben die Folge vieler Entscheidungen dar, die bewusst oder unbewusst (z. B. auch auf der Seelenebene) getroffen wurden. Hierbei ist es wichtig zu verstehen, dass auf energetischer Ebene alle Manifestationen im Leben – auch solche, die wir als negativ erleben, wie zum Beispiel Krankheiten oder gar der Verlust eines Menschen – jenseits von der irdischen Dualitätsperspektive und damit bewertungsfrei zu betrachten sind. Sie stellen einfach den Weg dar, den wir als energetische Wesen gewählt haben. Der Begriff „Wahl" wird jedoch nicht als ein bewusst-aktiver Prozess verstanden, sondern vielmehr als die Summe bewusster und unbewusster Denk- und Handlungsmuster, Weltbilder, Einstellungen und Glaubenssätze, die wir im Laufe unseres Lebens übernommen haben und nicht mehr bewusst hinterfragen. „Wahl" kann aber auch die Entscheidung der Seele bedeuten, bestimmte Erfahrungen im Leben zu machen. Das Erreichen von Erkenntnis im Rahmen einer SAA kann entweder bereits die Lösung für das Problem darstellen oder den Beginn eines bewussten persönlichen Entwicklungsprozesses markieren.

Ist das wahr, was ich in einer SAA über mich erfahre?
Die berechtigte Frage nach dem Wahrheitsgehalt der Informationen, die eine Sinnanalytische Aufstellung freilegt, impliziert zumeist die Überzeugung, dass nur das, was wahr ist, auch zur Heilung oder Klärung einer bestimmten Situation führen kann. Über diesen Wahrheitsgehalt gibt es bisher keine empirischen Studien nach den allgemeinen Qualitätsstandards in Lehre und Forschung. Aus diesem Grund kann diese Frage zum gegenwärtigen Zeitpunkt nicht abschließend beantwortet werden. Dies schränkt aber die subjektiv empfundene Wirksamkeit der SAA-Arbeit bei den Teilnehmern nicht zwingend ein.

Viele Probleme und belastende Erfahrungen entstehen aufgrund des jeweiligen Wahrheitsausschnittes einer Person. Durch den jeweiligen Wahrheitsausschnitt entsteht bei der Person ein bestimmtes Bild der Wirklichkeit, welches wiederum, wenn die Person diese Wirklichkeit nicht akzeptieren kann, zu Leid führt. Experimente zeigen, dass es für die Konstruktion unserer Wirklichkeit nicht von Bedeutung ist, ob unser Gehirn unmittelbar elektrische Impulse von den Sinneszellen empfängt oder nicht. Forscher konnten nachweisen, dass die gleichen Gehirnregionen aktiviert werden, egal ob wir nur an etwas Bestimmtes denken oder es tatsächlich sinnlich erleben. Unser Gehirn unterscheidet folglich nicht zwischen Tatsachen und Vorstellungen. Nur so ist es auch zu erklären, dass wir allein bei dem Gedanken an bestimmte Situationen Freude oder auch Ekel empfinden oder uns auch bei einem guten Krimiroman auf dem sicheren Sofa richtig schön gruseln können. Wenngleich der Krimi also keine wahre Geschichte erzählt, sind doch unser subjektives Erleben und die damit einhergehenden Gefühle wahr.

Der deutsch-kanadischen Kriminalpsychologin Julia Shaw gelang es in ihren Gedächtnisforschungs-Experimenten, zwei von drei beteiligten Probanden plausibel darzulegen, sie hätten in ihrer frühen Jugend Straftaten begangen, obwohl sie diese gar nicht tatsächlich begangen hatten. Shaw machte deutlich, dass das Erinnern – die Konstruktion vergangener Wirklichkeiten – dem Geschichtenerzählen gleicht, bei welchem wir Wünschenswertes ergänzen, unpassende Details löschen oder sonst wie improvisieren, und zwar so lange, bis immer wieder aufs Neue ein stimmiges Bild entsteht. Dies führt zwangsläufig dazu, dass wir einen Großteil unserer Erlebnisse nicht erinnern, nämlich all das, was nicht bewusst oder unbewusst „gebraucht" wird. Es ist uns sozusagen nicht erinnernd zugänglich. Shaw regte mit ihren Ergebnissen nicht nur in der Kriminalistik ein Umdenken in Bezug auf die Art der Befragungen und des Verhörens verdächtiger Personen an, sondern zeigte auch, dass Fiktionen im Leben eines Menschen einen ebenso entscheidenden Beitrag zur Identitätsgestaltung leisten wie reale Erlebnisse. Im komplexen Zusammenspiel von Sinneseindrücken und Erinnerungen entsteht Bild für Bild (aus der Menge unendlich vieler Realitäten) ein widerspruchsfreier „Film" in unserem Gehirn – unsere subjektive Wirklichkeit.

Wir können daraus schlussfolgern, dass die Frage nach einer empirisch überprüfbaren Wahrheit nicht das entscheidende Kriterium sein kann für das Erkennen, Verstehen und Lösen eines Problems. Vielmehr geht es darum, die subjektive Wahrheit und die individuelle Wirklichkeitskonstruktion nachzuvollziehen, um eine Situation begreifen und verändern zu können.

Was passiert, wenn ich bei einer SAA nichts „fühle"?
Der bekannte Psychotherapeut Paul Watzlawick prägte den berühmten Satz: „Man kann nicht nicht kommunizieren", und verwies darauf, dass wir immer kommunizieren, sei es durch unsere Sprache, Körpersprache, unsere Handlungen oder auch Unterlassungen. Gleiches gilt auch für Gefühle:

> Wir können nicht nichts fühlen!
> Gefühle sind immer da und allgegenwärtig.
> Sie prägen uns ab dem Moment unserer Zeugung.

Nur, weil wir in der Aufstellung Gefühle nicht wahrnehmen, bedeutet das nicht, dass wir keine haben. Vielmehr ist das vermeintliche Nichtfühlen ein Indiz dafür, dass momentan kein Zugang zu dieser Wahrnehmungsebene besteht – beispielsweise wenn wir in der SV-Rolle Personen, Tiere, Umstände oder auch Objekte repräsentieren. Dies ist vollkommen in Ordnung und sogar ein wichtiger Hinweis im SAA-Prozess.

Wie stelle ich fest, ob sich meine eigenen Gefühle in den Ablauf „einmischen"?
Eine Regel für die Teilnahme an einer Sinnanalytischen Aufstellung besagt, dass alles zur Aufstellung dazugehört: beispielsweise das Klingeln eines Handys, ein bellender Hund draußen oder auch die laute Baustelle auf der Straße usw. Ebenso gehört es dazu, wenn ein Teilnehmer sich von seinen eigenen Gefühlen nicht frei machen kann und diese im Ablauf sichtbar werden.

Da es sich bei einer SAA um einen Erkenntnisweg handelt, gilt es jedoch, sich selbst als Teilnehmer immer wieder zu hinterfragen und zu reflektieren und als Beobachter oder Stellvertreter selbstverantwortlich zu sein. Das heißt, sich selbst zu fragen, ob Aussagen oder Impulse bewusst mit der eigenen Meinung ergänzt werden können oder nicht.

> Jede Aufstellung liefert die klarsten Erkenntnisse,
> wenn die Teilnehmer sich auf ihre Rollen als
> Stellvertreter offen und wertfrei einlassen können.[18]

Genügt es wirklich, das Thema in nur einem Satz zu nennen?
Für die Wirksamkeit einer SAA ist es vollkommen ausreichend, wenn außer dem Aufstellenden und dem Trainer alle Personen das Thema nur grob erfahren. Weitere Informationen können die Teilnehmer daran hindern, sich offen und wertungsfrei auf den spontanen Prozess, die intuitiven Impulse und die feine Wahrnehmung von Gefühlen einzulassen.

Bei einer Aufstellung geht es immer darum, die energetischen Zusammenhänge und Beziehungen zu beleuchten. Diese müssen nicht unbedingt deckungsgleich mit der „realen Oberfläche" der Beziehungen, Situationen und Umstände sein.

Wie ist eine SAA als Phänomen zu erklären?
Aus wissenschaftlicher Perspektive kann das Phänomen „Aufstellung" – ungeachtet des Aufstellungsansatzes – nicht erklärt werden. Eine gute Begründung der Funktionsweise liefert jedoch das energetische Menschenbild. Wie auf den Seiten 24-28 erläutert wird, sind wir Menschen energetische Wesen, die mit allen anderen Menschen und Formen des Lebens energetisch verbunden sind – zu jedem Zeitpunkt und sogar über den Tod hinaus. Durch das Gewahrwerden unserer Gefühle können wir unser eigenes energetisches Feld mit dem energetischen Feld anderer Lebewesen

---

18) Eine Meditation vor der Aufstellung unterstützt diese innere Haltung. (siehe Anhang)

bewusst verbinden und über diese Verbindung miteinander „kommunizieren". Daher kann es über den energetischen Weg auch gelingen, die „unter der Oberfläche liegenden" Zusammenhänge nachzuvollziehen – und sogar bewusst auf sie einzuwirken.

Kann eine SAA mit Karten tatsächlich helfen?
Eine Karten-Aufstellung kann genauso wirksam sein wie eine SAA mit Personen, allerdings sollte der Aufstellende eine gewisse Erfahrung oder Fähigkeit besitzen, mit den eigenen Themen vorbehaltlos zu arbeiten. Natürlich werden sich bei einer Karten-Aufstellung keine gänzlich unbekannten Neuigkeiten aus der Familie usw. ergeben, aber der Aufstellende kann in diesem Setting einen sinnvollen Abstand zum eigenen Anliegen einnehmen und sich in die einzelnen Aspekte des Problems oder der Frage einfühlen.

Ich empfehle auch, darüber hinaus einen Co-Partner zu gewinnen, der sich zusätzlich in die Karten hineinversetzt und sich mit dem Aufstellenden über die Wahrnehmungen austauscht. Das hilft u. a. dabei, den eigenen „blinden Fleck" sichtbar zu machen.

In der therapeutischen Beratungspraxis, aber auch im Coaching hat sich der Einsatz des Kartensets sehr bewährt, um einen schnellen und effektiven Lösungsansatz zu finden. Durch den Einsatz der Projektionsflächen (Karten) gewinnt der Klient an Vertrauen, da er nicht direkt angesprochen wird.

IV – DIE WÜRDE ZURÜCKGEWINNEN

Meine eigene Erfahrung im Leben war stets die, dass eine Theorie oder Philosophie immer nur genau so gut ist, wie sie im Alltag umgesetzt werden kann. Alles, was du bisher in diesem Buch erfahren hast, soll dir eine neue Sicht auf die Zusammenhänge deines Lebens geben. Dein Leben an sich kann sehr leicht und einfach sein, wenn du die Spielregeln verstanden hast und diese unmittelbar auf deine eigenen Bedürfnisse anwenden kannst. Im letzten Teil des Buches geht es deshalb um die Frage: Wie können dir persönlich die Erkenntnisse der heilenergetischen Arbeit sinnvoll helfen?

Den Wald zwischen den Bäumen erkennen
Beim „Zerlegen" der Welt in ihre grundlegenden Elemente machten die Physiker Anfang des 20. Jahrhunderts eine erstaunliche Entdeckung: Je weiter sie in die Molekularstrukturen des Lebens drangen, desto mehr wurde ihr bis dahin erlangtes Verständnis über die Gesetzmäßigkeiten der Natur infrage gestellt. Materie, so stellte man fest, lässt sich nicht bis zur Unendlichkeit in immer weitere unabhängige Einzelteile zerlegen. Statt immer kleinerer Kugeln, wie wir sie noch aus dem Physikunterricht kennen, handelt es sich bei den kleinsten subatomaren Partikeln um schwingende Energiebündel – Quanten –, die ständig in aktiver Wechselwirkung zueinander stehen. Im Inneren der Atome herrscht kein leeres Vakuum, sondern vielmehr ein Meer von virtuellen Teilchenpaaren, die kontinuierlich entstehen und zerfallen.

Diese Teilchen verfügen über eine ganze Reihe von Eigenschaften, die bis heute noch nicht restlos erklärt werden können. So können sich diese Teilchenpaare beispielsweise in einem gemeinsamen Quantenzustand befinden. Das bedeutet, dass zwischen den Teilchen eine Abhängigkeit besteht: Verändert ein Teilchen seine Eigenschaft, tut es das andere Teilchen auch – selbst über „weite" Distanzen. Noch spannender sind aber die Beobachtungen im Rahmen der berühmten Doppelspaltexperimente. Es wurde nachgewiesen, dass sich ein einziges Quantenteilchen an verschiedenen Orten gleichzeitig bewegen und aufhalten kann.

Will man das Verhalten der Teilchen wissenschaftlich untersuchen, beispielsweise wie es ihnen gelingt, zwei verschiedene Wege gleichzeitig zurückzulegen, verhalten sich die Teilchen allerdings anders, als würde man sie nicht mittels technischer Methoden auf ihrem Weg von einem Ort zum anderen untersuchen (beobachten). Im Moment der Messung halten sich Quantenteilchen nie auf zwei Wegbahnen gleichzeitig auf, sondern „entscheiden" sich stets nur für eine. Die Forscher schlussfolgerten daraus, dass die Rolle des Beobachters einen entscheidenden Einfluss bei den Experimenten haben muss. Was für eine Sensation! Schließlich ist es nach wie vor ein entscheidendes Kriterium des wissenschaftlichen Arbeitens, dass der Beobachter – ob Person oder Messgerät – keinerlei Einfluss auf den Vorgang oder den Verlauf eines Experimentes hat, es sei denn, der Forscher beeinflusst die Versuchsreihen gezielt.

Bis heute ist nicht vollständig geklärt, welche Schlussfolgerungen sich daraus für unser Leben ziehen lassen. Die bisherige Art und Weise der wissenschaftlichen Erforschung von subatomaren Partikeln ist noch nicht so weit fortgeschritten, dass deren quantenphysikalische Eigenschaften vollständig erfasst und nachgewiesen werden können. Quanteneffekte entziehen sich schlicht dem bisherigen Verständnis der Wirkungsmechanismen in der mikroskopischen Welt und es wird womöglich noch viele weitere Jahre dauern, bis die quantenphysikalischen Gesetzmäßigkeiten vollständig erkannt und deren Bedeutung für unsere Zukunft verstanden werden wird.

Was die Väter der Quantenphysik – Niels Bohr, Erwin Schrödinger und Werner Heisenberg – aber gezeigt haben, ist, dass die fundamentale Ebene unserer Existenz anderen Gesetzmäßigkeiten folgt als denen, die wir bisher vermutet haben. Scheinbar völlig getrennte Bezugsgrößen stehen in Beziehung zueinander und beeinflussen sich. Statt getrennter Teilchen, die unabhängig voneinander agieren, wirken die Bausteine unseres Lebens wie ein lebendiges Netzwerk, sie interagieren miteinander! Wo leeres Vakuum vermutet wurde, herrscht vielmehr purer energetischer Austausch.

Das Fundament unseres Lebens ist Energie, die ständig in Bewegung ist.

Es scheint, als würden wir mit dieser – im 16. Jahrhundert von Kopernikus eingeleiteten – Entdeckung an einem neuen Wendepunkt stehen. Ein Weltbild, das die einzelnen Bausteine des Lebens nicht mehr unabhängig voneinander betrachtet, analysiert und hinterfragt, sondern stattdessen die Beziehungsstruktur zwischen den einzelnen Elementen aufschlüsselt, wird sich durchsetzen. Während es für Kopernikus und Galilei noch darum ging, die Welt in ihren Einzelheiten zu begreifen, kommt es nun darauf an, die vielschichtigen Zusammenhänge und Abhängigkeiten zwischen diesen zu erkennen. Es gilt zu verstehen, dass wir Menschen im Netz des Lebens miteinander verbunden sind – nicht nur als Menschen, die miteinander in Beziehung stehen, sondern auch als Menschen, die mit der gesamten Umwelt, den Tieren und sogar den Vorfahren und Kindern unmittelbar verknüpft sind.

Kopernikus, Kepler, Galilei und auch Philosophen wie Descartes, Kant, Locke und Montesquieu sowie viele andere leisteten einen enormen Beitrag, um Licht in ein Denken zu bringen, das durch Mystifizierung, Unwissenheit und Unkenntnis geprägt war. Spätestens seit Mitte des 20. Jahrhunderts wird aber klar, dass wir ein gesellschaftliches Denk- und Handlungsmodell brauchen, das es uns ermöglicht, Probleme und Herausforderungen in ihren komplexeren subtilen Abhängigkeiten zu verstehen und somit auch auf subtilere, also energetische Weise zu lösen. Dies gilt für große gesellschaftliche Fragen genauso wie bei der Gestaltung des einzelnen persönlichen Lebensweges.

Willst du Situationen, Begegnungen, Ereignisse in deinem Leben auch über den Weg der Sinnanalytischen Aufstellungen hinaus besser verstehen und sozusagen „den Wald zwischen den Bäumen sehen", willst du den Ton zwischen den Noten hören und die Energie zwischen all der Materie wahrnehmen lernen, dann möchte ich dich dazu einladen, dein gesamtes Leben als eine große Sinnanalytische Aufstellung zu betrachten und bewusst zu verändern.

Das Leben als Sinnanalytische Aufstellung

Wie wäre es, wenn du in Zukunft nicht mehr auf Wunder warten müsstest? Wenn dein Leben einfach im Fluss wäre und du selbst, ohne große

Hilfestellungen von außen, dein Leben selbstbestimmt und kraftvoll gestalten könntest? Wenn du die Zeichen in deinem Umfeld richtig deuten und zur Entwicklung deiner Persönlichkeit nutzen könntest? All das ist absolut möglich, indem du das Wissen über die energetischen Zusammenhänge des Lebens kennenlernst und im Alltag konsequent anwendest.

Zusammenfassung
→ Wir sind energetische Wesen und Teil des komplexen energetischen Beziehungsgefüges unserer Umgebung und unserer Mitmenschen.
→ Unser Leben dient dazu, Erfahrungen und Erkenntnisse im Umgang mit anderen Menschen in einer materiellen Welt zu machen.
→ Wir haben unser Leben einer individuellen Thematik gewidmet.
→ Wir haben uns bereits vor unserer Geburt für die Erfüllung dieser Grundaufgabe bestimmte konkrete biologische Voraussetzungen und individuelle Talente „ausgesucht".
→ Unser energetisches Feld – die Aura – ist der Bauplan für unseren materiellen Körper; es gestaltet alle unsere Beziehungen und Verbindungen zu unserer Umgebung.
→ Unsere individuelle Thematik und Herkunft „vergessen" wir, wenn wir geboren werden. Wir erhalten jedoch zeitlebens Hinweise, die uns dabei helfen können, unser Ziel zu erreichen – und zwar in Form von Emotionen, Erfahrungen, Erlebnissen und Begegnungen, die wir lediglich erkennen und deuten müssen.

Es zeigt sich immer wieder, dass uns das tägliche Leben selbst außerhalb des Settings einer Sinnanalytischen Aufstellungen Räume öffnet, in denen wir unsere individuellen Lebenszusammenhänge erfahren, beleuchten, erkennen und verändern können.

*Das tagtägliche Leben selbst
ist ein ständiges sinnanalytisches Aufstellen!*

Wie in einer Sinnanalytischen Aufstellung stellen unsere Gefühle das zentrale Bindeglied zwischen unserem energetischen Schwingungskörper und unserer Umgebung dar. Sie können genau so bewusst erlebt und betrachtet und als wertvoller Kompass im Leben genutzt werden. Wer sich im Alltag seiner Gefühle bewusst wird und ihrer Botschaft Gehör schenkt, kann aus der Fülle seines ganzen Potenzials schöpfen. Wir müssen uns bewusst werden, dass jede unserer Emotionen Teil eines vollkommenen Ganzen ist. Wenn wir aber einige unserer Gefühle als negativ bewerten und versuchen, sie zu verdrängen oder zu unterdrücken, verlieren wir wesentliche Aspekte unseres Wesens. Die Gesamtheit aller Gefühle und Emotionen ist ein perfekt ineinandergreifender Organismus, ähnlich wie ein vollkommen gesunder Körper: Jedes Organ hat seine ganz spezifische Aufgabe, seinen Platz und seine Berechtigung.

Dies bedeutet nicht, dass wir allen Gefühlen und Emotionen, besonders jenen, die destruktiv sind, unbegrenzt Ausdruck verleihen müssen und in negative Handlungen umsetzen sollen. Verspüren wir beispielsweise viel Hass auf eine bestimmte Person und würden wir sie „am liebsten umbringen", sollten wir diesem Gefühl natürlich nicht nachgeben. Sind wir stinkwütend auf unsere Arbeitskollegin, sollten wir nicht gleich wutentbrannt kündigen. Geht uns das Geschrei unseres Babys auf die Nerven, sollten wir es nicht schlagen usw. Vielmehr geht es darum, auch diese Gefühle und Emotionen im Leben als Teil eines vollkommenen Ganzen anzuerkennen und anzunehmen. Das heißt, zu akzeptieren, dass wir in diesem Moment einfach nicht anders fühlen können, denn diese Gefühle sind in diesem Moment Teil unserer Wahrheit.

Wenn wir beginnen, solche Gefühle zu verleugnen, zu verdrängen, zu verurteilen oder zu unterdrücken, spalten wir einen Teil von uns selbst ab und schaffen Blockaden in unserem energetischen Feld, was immer zu weiteren Problemen führt.

> Lernen wir, unsere Gefühle als Navigator auf
> unserem ganz persönlichen Weg zu verstehen,
> unabhängig davon, ob sie beglückend
> oder schmerzhaft sind!

V – SCHLUSSWORT

Lieber Leser, liebe Leserin,

auf den vorangegangenen Seiten habe ich dich eingeladen, die wunderbare Methode der Sinnanalytischen Aufstellung kennenzulernen und in dein Leben zu integrieren. Du weißt nun mehr um die energetischen Zusammenhänge deines Lebens, ihre Wirkungsweise und darüber, wie du diese mithilfe der SAA-Arbeit beleuchten und bewusst verändern kannst. Das Leben energetisch zu betrachten, heißt, aus der Dualität des irdischen Lebens für einen Moment auszusteigen und sich bewusst mit der Umgebung und allen darin vorkommenden Ereignissen und Menschen zu verbinden. Dabei erkennst du, dass alles in deinem Leben Teil eines bewussten Gesamtgefüges ist, das dich auf deinem Weg der persönlichen Entwicklung unterstützen möchte.

Diese Perspektive im Blick auf das Leben führt dich letztendlich aus deiner Angst heraus, etwa im Leben zu kurz zu kommen oder nicht das zu bekommen, was du dir wünschst. Du hast nun alle Werkzeuge in der Hand, um die Ursachen für jede Art von Problemen in deinem Leben zu verstehen und Lösungsmöglichkeiten zu eruieren.

Jeder Aspekt deines Selbst ist Ausdruck der vollkommenen Schöpfung. Du musst in diesem Leben nichts erreichen oder irgendetwas werden, nicht auf Vergebung hoffen oder auf Wunder warten. Das Leben lädt dich stattdessen ein, Erfahrungen zu machen. Du kannst also jederzeit über den Verlauf und den Ausgang deiner Lebensgeschichte selbst bestimmen. Nimm die Chance wahr, Eigenverantwortung zu tragen und für deine Wünsche einzutreten! Verändere dein Leben so, dass du dich darin wohlfühlst! Sinnanalytische Aufstellungen unterstützen dich dabei, dein Potenzial ganz auszuschöpfen. Lass die Angst als ausbremsende Blockade deiner Entwicklung hinter dir und lebe mehr und mehr aus dem Herzen heraus! Vertraue dir selbst und deinen Gefühlen! Gefühle deuten zu können, heißt, mit ihnen gut umgehen zu können, sie sind die Quelle der Lebenskraft. Folge deinem Gefühl und genieße das Leben in all seinen bunten und schillernden Facetten!

Deine Stefanie Menzel

ANHANG

Meditation zur Vorbereitung einer SAA

→ Die Teilnehmer sitzen in einem Stuhlkreis.
→ Der Aufstellungstrainer spricht die folgende Meditation ohne Musik.

„Wer mag, schließt seine Augen.

Atme tief in deinen Bauch, ein und aus. Die Bauchdecke darf sich beim Einatmen anheben und beim Ausatmen senken.

Deine Entspannung nimmt mit jedem Atemzug zu.

Geh mit deiner Aufmerksamkeit zu deinem Herzen und nimm deinen Herzschlag und deinen Atemrhythmus wahr.

Deine Gedanken dürfen weiterziehen und du wirst ruhig und entspannt.

Stell dir jetzt vor deinem inneren Auge alle Menschen vor, mit denen du in Verbindung stehst: deine Familie, deine Freunde, deine Kollegen, aber auch deine Tiere. Schau sie dir alle genau an. Jeder von ihnen ist Teil deines Lebens und macht dich zu dem Menschen, der du jetzt gerade bist. Und du bist Teil ihres Lebens. Energetisch bist du immer mit verbunden, auch über den Tod hinaus.

Nimm deine Verbindung zu ihnen noch einmal ganz bewusst wahr und schau dir jeden Einzelnen noch einmal genau an.

Komme jetzt mit dem Gefühl der Verbundenheit hier in den Raum zurück und sei ganz präsent.

Öffne deine Augen jetzt.

Vorlage Vorgespräch

→ Name des Klienten: ....
→ Datum der geplanten Sinnanalytischen Aufstellung: ....
→ Was veranlasst den Klienten zur Sinnanalytischen Aufstellung? (Problem, Thema, zwischenmenschliche Konflikte, Krankheit usw.) ....
....
....
→ Welches Ziel soll mit der SAA verfolgt werden? ....
....
....
→ Worauf kann der Aufstellende sich verlassen? ....
....
....
→ Gilt eine Schweigepflicht? ....
→ Wie lautet das Thema der SAA in einem konzentrierten Satz? ....
....
....
→ Welche Stellvertreter werden voraussichtlich aufgestellt? ....
....

Vorlage Reflexionsfragen
(aus Sicht des Klienten und für alle SAA-Formen)

→ Thema der SAA: ....
→ Datum der SAA: ....
→ Klient/Aufstellender: ....
→ Aufstellungstrainer: ....
  Wie geht es mir jetzt gerade in diesem Moment? ....
....
→ Welche körperlichen Symptome nehme ich bei mir wahr? ....
....
→ Wie nehme ich mich zwischen den anderen Akteuren wahr? ....
....

→ Wie nehme ich meine Position im Raum wahr? ....
   ....
→ Welche Gefühle steigen in mir auf? ....
   ....
→ Welche Gedanken steigen in mir auf? ....
   ....
→ Bei wem fühle ich mich wohl? ....
→ Bei wem fühle ich mich unwohl? ....
→ Welchem Impuls möchte ich nachgehen? ....
   ....
→ Was brauche ich, damit es mir gut geht? ....
   ....
→ Was möchte ich gerne aussprechen? ....
   ....

Vorlage Nachgespräch
(zur Auswertung der SAA)

→ Klient/Aufstellender: ....
→ Datum der Aufstellung: ....
→ Thema der Aufstellung: ....
→ Form der Aufstellung: ....
   - „Wie"-Aufstellung ....
   - „Warum"-Aufstellung ....
   - „Wohin"-Aufstellung ....
→ Zusammenfassung des SAA-Prozesses ....
   ....
   ....
→ Welche Stellvertreter waren beteiligt? ....
   ....
→ Welche Erkenntnisse zieht der Klient für sich aus der Aufstellung? ....
   ....
   ....
→ Welche neuen Fragen ergeben sich nach der SAA für den Klienten? ....
   ....
   ....

→ Welche Form der Nachbetreuung wurde mit dem Klienten vereinbart?
....
→ Bemerkungen: ....
....
....
→ Ort, Datum: ....
→ Unterschrift des Aufstellungstrainers: ....

Aufstellungsvarianten

→ „Wie"-Aufstellung
→ „Warum"-Aufstellung
→ „Wohin"-Aufstellung
→ Aufstellungen mit Hilfsmitteln:
  • Gummibärchen/Stühle/Schuhe/Kissen/Zettel/Gegenstände usw.
→ Aufstellungen mit Stellvertretern:
→ Zweier-Aufstellung
→ Vierer-Aufstellung
→ Kleingruppenaufstellung
→ Großgruppenaufstellung

Benötigtes Material:
→ Stift, A4-Zettel, ein ruhiger Ort mit ausreichend Platz, ggf. Notizblock
→ Vorlage „Reflexionsfragen"
→ Vorlage „Vorgespräch"
→ Vorlage „Nachgespräch"
→ Vorlage „Meditation"

Vorlage Anmeldungsformular

(Daten werden nicht an Dritte weitergegeben)

Name	Vorname
E-Mail	Telefon/Handy
Straße	PLZ/Ort

Wie haben Sie von .... erfahren?
→ Persönliche Empfehlung
→ Bücher
→ Artikel
→ Flyer (Printwerbung)
→ Facebook
→ Webseite
→ Anzeigen
→ Anderes: ....

Welche Themen interessieren Sie?
→ Körperliche Gesundheit
→ Psychische Gesundheit
→ Liebe/Partnerschaft
→ Familie, Kinder, Erziehung
→ Kunsttherapeutische Seminare
→ Basis-Seminare für ein erfülltes Leben
→ Firmenberatung

Hinweis

Sinnanalytische Aufstellungen nach Stefanie Menzel sind eine bewährte und effektive Methode, um ungeklärte Lebensthemen zu beleuchten und zu klären. Ich bin mir bewusst, dass ich mit der Teilnahme an einer Sinnanalytischen Aufstellung die volle Verantwortung für mich selbst übernehme. Ich selbst bestimme die Tiefe des Mich-Einlassens auf Prozesse der Selbsterfahrung und über Veränderungen in meinem Leben. Alles, was ich bei den Aufstellungen an Lebenssachverhalten und persönlichen Ereignissen von Dritten erfahre, ist streng vertraulich und wird von mir nicht weitererzählt.

Der Aufstellungsabend ersetzt keine Einzelbehandlungen bei einem Arzt oder Psychotherapeuten, falls diese angezeigt sind. Ich entbinde den Veranstalter und den Aufstellungstrainer von Schadensersatzforderungen.

Ort, Datum   Unterschrift

Lust auf Lichtblicke im Postfach? Abonnieren Sie doch einfach unseren Newsletter!

☐ Ja, gerne   ☐ Nein
☐ abonniert

Literaturempfehlungen

Benzinger, Olaf/Röthlein, Brigitte; Schrödingers Katze: Einführung in die Quantenphysik; dtv 1999

Doyle, Bruce; Pass auf, was du denkst; Lüchow 2011

Goswami, Amit; Das bewusste Universum; Lüchow 2013

Hawking, Stephen; Eine kurze Geschichte der Zeit; Rowohlt Taschenbuch 2011

Hörmann, Kurt Zyprian; Fühlen ist klüger als denken: Mit Intuition die richtigen Entscheidungen treffen; J.Kamphausen 2011

Hübenthal, Ursula; Swing Time - Fast nichts und die Folgen; Mediengruppe Oberfranken 2012

Hüther, Gerald; Etwas mehr Hirn, bitte: Eine Einladung zur Wiederentdeckung der Freude am eigenen Denken und der Lust am gemeinsamen Gestalten; Vandenhoeck & Ruprecht 2015

McTaggart, Lynne; Das Nullpunkt-Feld: Auf der Suche nach der kosmischen Ur-Energie; Goldmann 2007

Rosenberg, Marshall; Gewaltfreie Kommunikation – Eine Sprache des Lebens; Junfermann 2012

Rovelli, Carlo; Die Wirklichkeit, die nicht so ist, wie sie scheint; Rowohlt 2016

Sheldrake, Rupert; Das schöpferische Universum: Die Theorie des Morphogenetischen Feldes; Ullstein Taschenbuch 2009

Steiner, Rudolf; Theosophie - Einführung in übersinnliche Welterkenntnis und Menschenbestimmung; Rudolf Steiner Taschenbuch 2014

Tipping, Colin; Ich vergebe: Der radikale Abschied vom Opferdasein; J. Kamphausen 2004

Tolle, Eckhart; Jetzt! Die Kraft der Gegenwart; J.Kamphausen 2010

Weik, Susanne; Kraftquelle Inneres Kind; Lüchow 2011

Autorin

Stefanie Menzel, Jahrgang 1959, ist Therapeutin, Dozentin, Autorin, Künstlerin und Mutter von vier Kindern. Sie ist die führende Instanz für ganzheitlich-spirituelle Persönlichkeitsentwicklung auf dem Gebiet der Heilenergetik in Deutschland. Auf der Basis ihrer langjährigen praktischen Erfahrung und spiritueller Forschung vermittelt sie als Mentorin, Dozentin, Seminarleiterin und Autorin eine ganzheitliche, schöpferische Sicht auf die eigene Persönlichkeit im individuellen Umfeld. Mit ihren Klienten erarbeitet sie in Einzelberatungen und Gruppen-, Firmen- sowie Organisationsberatungen zielorientierte Lösungen und Wege in ein erfülltes, bewusstes und selbstbestimmtes Leben und schafft eine Brücke zwischen Wissenschaft, Alltag und Spiritualität. In ihren Ausbildungen zum Heilenergetiker gibt sie ihr komplexes Wissen weiter.

Kontakt über www.stefanie-menzel.com

Stefanie Menzel

Frei sein

Leichter Leben mit Heilenergie

3OO Seiten, Hardcover
ISBN 978-3-95883-2O2-2

Die Aura — das den Körper umgebende Energiefeld — versorgt den Menschen mit Leben und Bewusstsein und verbindet ihn mit seiner Umwelt. Die Stellung eines Menschen im Leben, seine Ausstrahlung, sein Erfolg, sind maßgeblich von Funktion und Leistung der Aura abhängig. Negativ beeinflusst wird dieser Prozess dadurch, dass sämtliche Verletzungen und negativen Emotionen, die ein Mensch bisher in seinem Leben erfahren hat, in seiner Aura gespeichert werden — was schließlich zu emotionaler Leere, Blockaden und körperlichen Krankheiten führen kann.

Anschaulich beschreibt die Autorin, wie Aura-Arbeit funktioniert, wie negative Emotionen überwunden und mithilfe von Atemübungen, Chakren- und Aufstellungsarbeit das Energieniveau erhöht und somit das komplette Leben verändert werden kann.

Stefanie Menzel

Frei-Karten

Leichter leben mit Heilenergetik

63 Karten mit mentalen und energetischen Aufbau-Übungen

ISBN 978-3-95883-221-3

Das Kartenset zum Buch „Frei sein – leichter leben mit Heilenergetik" ergänzt die kraftbringende Arbeit auf kreative Weise. So kann die Heilenergetik direkt praktisch umgesetzt werden. Da es keine Zufälle gibt, ziehen Sie immer genau die Karte, die Ihr Leben jetzt, in diesem Augenblick, sinnvoll bereichert.

Die von Stefanie Menzel gestalteten und künstlerisch anspruchsvollen Karten dienen dabei als Hilfsmittel für die energetische Arbeit.
Das Set ist sowohl für Anfänger der Methode aber auch ganz besonders für die therapeutische Arbeit in der Praxis geeignet.

Im beiliegenden Booklet werden die Karten erklärt und durch Affirmationen ergänzt, um Blockaden zu lösen und die persönliche Entwicklung achtsam zu begleiten.

Stefanie Menzel

Kraftquellen

Entdecke die Energie
Deiner Chakren

63 Karten mit ergänzendem
Booklet zur Öffnung
und Stärkung des neuen
Chakrensystems

ISBN 978-3-95883-220-6

Die Chakren der menschlichen Aura sind unsere Kraftquellen, deren Anzahl sich in den vergangenen 20 Jahren erhöht hat. Daher ist es wichtig, die neu entwickelten Chakren in die persönliche energetische Entwicklung miteinzubeziehen.

Die Farben und Motive dieses Kartensets von Stefanie Menzel sind extra so gestaltet, dass sie direkt auf die einzelnen Chakren der Aura einwirken.

Der Betrachter wird dadurch intuitiv von dem Bild angezogen, das seinem energetischen Zustand entspricht und im jetzigen Augenblick für ihn förderlich ist. Die Chakren können sich öffnen und führen so zu Entspannung, Ruhe und mehr Lebenskraft.

Stefanie Menzel

Aufstellungssache!

Neue Perspektiven durch SinnAufstellungen

120 Aufstellungskarten mit erklärendem Booklet zu Familie, Gesundheit, Beruf und Finanzen

ISBN 978-3-95883-222-0

Mithilfe dieses Kartensets können Sie auf leichte Weise problematische Lebenssituationen – sei es Familiäres, Berufliches oder Gesundheitliches – erkennen und bereinigen.

Das Begleitbuch bietet Ihnen zudem einen kurzen Einstieg in die sinnanalytische Aufstellungsarbeit nach Stefanie Menzel.
Die Aufstellungskarten werden stellvertretend für die am Thema beteiligten Personen oder Emotionen ausgebreitet. Es geht darum die entsprechenden Gefühle anzunehmen, und eine Veränderung oder Lösung durch die Lageveränderung der Karten zu bewirken.

Das Kartenset eignet sich für Anfänger, die sich dem Thema Aufstellung spielerisch annähern möchten, darüber hinaus kann es die therapeutische und beratende Arbeit in der täglichen Praxis unterstützen.